歐洲研究區建設研究

劉慧 著

在知識經濟時代，研究與創新能力決定了一個國家和地區的經濟發展潛力，
因此世界各國都在試圖尋求提高中國和地區研究與創新能力的最有效途徑。
歐洲研究區是歐盟打造的統一的研究與創新區域，
其關注的核心要素是知識，
但並不局限於創造知識的研究階段，
而是關注知識在創新鏈條各個環節的流通，致力於解決研究與創新的市場失靈與系統失靈問題，
最終目標是提升歐盟的整體創新能力，
並以此推動歐盟經濟的增長和就業的增加。
我們主要探討這幾個問題：
歐洲研究區建設的理論依據
歐洲研究區建設的由來和目標
歐洲研究區建設的方式
歐洲研究區建設的進程回顧
歐洲研究區建設效果的評價
歐洲研究區建設對中國得啟示

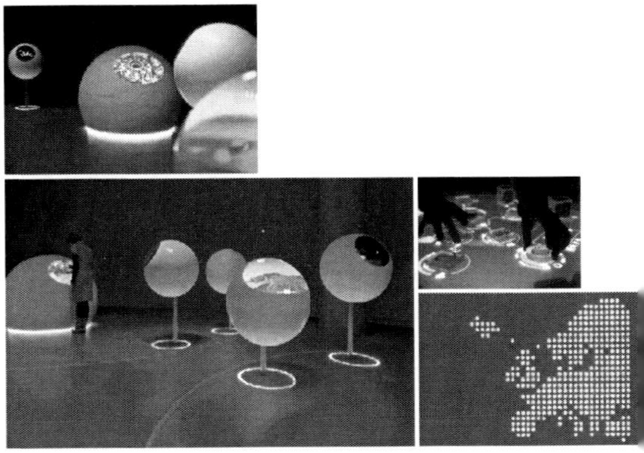

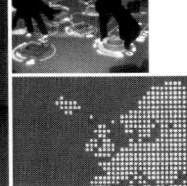

財經錢線

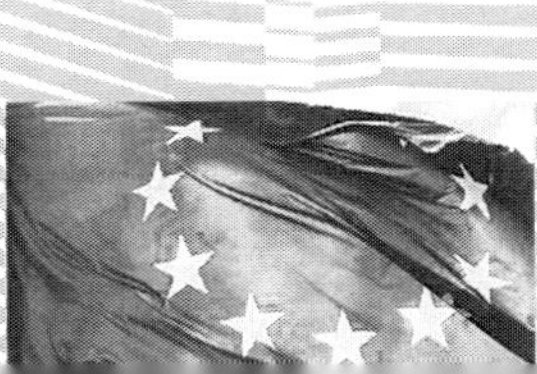

序

在全球化時代，國際競爭力的強弱與一國經濟發展的關係越來越密切。毋庸贅述，提升國際競爭力的有效手段之一就是充分利用科技革命的優勢，強化創新能力。科技興則民族興，科技強則國家強。因此，在一定意義上，傳統意義上的推動經濟增長的「三駕馬車」（投資、消費和出口），應該加上必不可少的創新。

近幾年,學術界在熱烈討論「中等收入陷阱」，這一術語是世界銀行發明的。從世界銀行發表的多個研究報告中可以看出，「中等收入陷阱」的定義應該是：一個發展中國家在進入中等收入國家的行列後，隨著人均收入的提高，勞動力成本會上升，而它的產業結構及科技創新卻未出現顯著的改善或進步。其結果是，它既不能與勞動力成本更低的其他發展中國家競爭，又無法與發達國家競爭，從而陷入一種進退兩難的境地。

如何避免「中等收入陷阱」？中國和世界上許多新興經濟體的發展進程表明，最佳的應對之道就是強化創新能力。

如何強化創新能力？這也是一個必須要回答的重大問題。

「條條大路通羅馬」。由於國情不同，強化創新能力的方式方法必然是不同的。在歐盟強化其創新能力的多種方式方法中，研究區建設頗為引人注目。

構建歐洲研究區的設想是歐盟委員會在 2000 年提出的。應該指出的是，歐洲研究區不是一個坐落在某地的科研機構，而是一種整合歐盟科技資源的科研體系。在這一體系內，歐盟各成員國的科技資源（包括科研人員、技術、知識和信息）互通有無，相得益彰。這必然會有效地發揮歐洲研究區的整體優勢。

劉慧博士在本書中探討了這幾個問題：歐洲研究區建設的理論依據、歐洲研究區建設的由來和目標、歐洲研究區建設的方式方法、歐洲研究區建設的進程回顧、歐洲研究區建設效果的評價、歐洲研究區建設對中國開展跨區域創新

合作的啟示以及歐洲研究區建設對構建京津冀協同創新共同體的啟示。這些問題既有理論意義，又有現實意義。

「他山之石，可以攻玉」。歐洲研究區建設的一些做法，完全可以為我所用。學術界對歐洲研究區的研究幾乎是一個空白。因此，劉慧博士的專著能在一定程度上彌補這一空白。

江時學

中國社會科學院歐洲研究所研究員

上海大學特聘教授

前　言

在知識經濟時代，研究與創新能力決定了一個國家和地區的經濟發展潛力，因此世界各國都在試圖尋求提高本國和地區研究與創新能力的最有效途徑。從歷史上看，歐洲地區是在研究和創新領域具有傳統優勢的地區，但由於歐洲各國研究力量分散，研究與創新政策不協調，科技成果轉化能力較低，歐盟在世界上的整體創新競爭力呈現下降趨勢。歐盟各國意識到只有整合各國研究與創新資源，協調各國的研究與創新制度，推進歐盟科技創新一體化才能依靠集體的力量使歐盟的創新競爭力得到提升。歐盟各國最終於2000年達成一致意見，決定建設歐洲研究區，打造歐盟統一的研究與創新區域，協調各成員國的研究與創新資源、項目和政策，使得研究人員、知識和技術在區內實現自由流通，提升知識的創造、傳播和轉化能力。從本質上看，歐洲研究區是一個歐盟泛區域創新系統，其關注的核心要素是知識，並不局限於創造知識的研究階段，而是關注知識在創新鏈條各個環節的流通，致力於解決研究與創新的市場失靈與系統失靈問題，最終目標是提升歐盟的整體創新能力，並以此推動歐盟經濟的增長和就業的增加。

在建設歐洲研究區的過程中，每一次做重要決策前，歐盟都會廣泛徵求各利益相關方的意見。因此，影響歐洲研究區決策的機構分別來自於歐盟、成員國和地區、各利益相關組織，既包括歐盟相關機構、成員國及其地方政府的相關管理部門，又包括多個高級專家組、諮詢機構、論壇組織及與研究有關的利益相關組織。在歐洲研究區建設過程中，可通過開放式協調機制及加強夥伴關係協調各行業主體之間的利益，在競爭與合作中求得平衡，逐漸推進歐洲研究區的建設進程。在歐洲研究區建設過程中，歐盟、成員國政府和企業等行為主體推出了很多開創性的治理工具，包括基金類工具、合作平臺類工具、信息服務類工具和監督工具等，這些工具在歐洲研究區建設中起到了重要的推動作用。

通過十多年的努力，歐洲研究區建設已經初現成效，其對成員國的政策導向作用在加強，使成員國的研究與創新戰略趨於一致，促進了歐盟層面研究與創新政策的發展；推進了歐洲研究區內的研究與創新合作機制，加強了成員國之間在研究與創新領域的合作，增強了產學研的研究與創新合作；增強了歐盟對研究人才的吸引力，推動了人才在歐盟範圍的流動，緩解了研究領域性別不平衡的問題；促進了知識的自由傳播和流動，提高了知識轉化能力。但由於歐盟各成員國的經濟基礎、創新能力、制度、文化有很大的差異性，使得各成員國政府及成員國內的利益相關組織參與歐洲研究區建設的積極性及建設成效差異很大，歐洲研究區的全面建成還需要一個較長的時期，目前最關鍵的是成員國層面的建設。

　　本書主要探討這幾個問題：歐洲研究區建設的理論依據、歐洲研究區建設的由來和目標、歐洲研究區建設的方式、歐洲研究區建設的進程回顧、歐洲研究區建設效果的評價、歐洲研究區建設對中國的啟示。

目　錄

緒論 / 1
　一、研究背景和研究意義 / 1
　二、歐洲研究區的含義 / 5
　三、研究現狀 / 6
　四、研究方法和框架 / 11
　五、創新點與不足 / 13

第一章　歐洲研究區建設的理論分析 / 15
　第一節　創新系統的內涵 / 15
　　一、創新的概念 / 15
　　二、創新系統的含義 / 16
　　三、創新系統的共同特徵 / 17
　第二節　創新系統理論的發展 / 18
　　一、線形創新到系統創新 / 18
　　二、國家創新系統 / 22
　　三、區域創新系統 / 25
　　四、跨國的泛區域創新系統 / 28
　第三節　泛區域創新系統理論框架 / 30
　　一、泛區域創新系統的概念 / 30
　　二、泛區域創新系統的構成 / 30
　　三、泛區域創新系統的特徵 / 31
　　四、歐洲研究區的本質是一個泛區域創新系統 / 33

第二章　歐盟建設歐洲研究區的由來及目標 / 35

第一節　歐洲研究區建設的背景 / 35

一、知識經濟時代提升歐盟創新競爭力的需要 / 35

二、創新系統理論的發展為歐盟提供了一種發展思路 / 36

三、歐洲科技創新一體化發展的需要 / 37

四、歐盟各國具備一定的研究與創新合作基礎 / 37

第二節　歐洲研究區的目標 / 38

一、解決創新的市場失靈問題以提高歐盟的整體創新能力 / 39

二、解決系統失靈問題以提升歐洲研究區的創新競爭力 / 40

第三節　歐洲研究區的優先發展領域 / 41

一、更有效的國家研究系統 / 41

二、優化跨國合作和競爭 / 42

三、為研究者提供開放的勞動力市場 / 42

四、在研究領域實現性別平等和性別主流化 / 42

五、優化科學知識的流通、獲取和轉化 / 42

六、國際合作 / 43

第三章　歐洲研究區的建設方式 / 44

第一節　歐洲研究區的法律基礎 / 44

第二節　影響歐洲研究區決策的機構 / 45

一、歐盟 / 46

二、成員國和地區政府 / 51

三、與研究有關的利益相關機構 / 52

第三節　歐洲研究區治理模式 / 53

一、開放式協調治理 / 54

二、發展夥伴關係治理 / 55

第四節　歐盟建設歐洲研究區的工具 / 56

一、資金工具 / 57

二、平臺工具 / 61

三、促進科研人員流動的工具 / 68

四、監督工具／ 70
　　五、信息服務工具／ 72

第四章　歐洲研究區建設進程回顧／ 76
第一節　歐洲研究區的初始成立階段／ 76
　　一、歐洲研究區的提出／ 76
　　二、確定歐洲研究區建設的層次性／ 77
　　三、歐洲研究區概念和目標進一步清晰／ 77
　　四、重啓里斯本戰略推動了歐洲研究區建設／ 78
第二節　定位明確 具備法律依據／ 78
　　一、建設「第五個自由」／ 78
　　二、歐洲研究區綠皮書發布／ 79
　　三、《里斯本條約》確立法律依據／ 79
第三節　遠景確定 加強治理／ 80
　　一、「盧布爾雅那進程」確定發展遠景／ 80
　　二、歐洲研究區與「歐洲2020戰略」／ 80
第四節　加強夥伴關係 完善監督機制／ 81
　　一、確定歐洲研究區優先發展領域／ 81
　　二、發展建設歐洲研究區的夥伴關係／ 82
　　三、監督機制日趨完善／ 82

第五章　歐洲研究區建設效果評價／ 86
第一節　歐洲研究區優先發展領域建設評價／ 86
　　一、更有效的國家研究系統／ 87
　　二、跨國合作和競爭／ 91
　　三、開放的研究人員勞動力市場／ 96
　　四、研究領域中的性別平等問題／ 100
　　五、科學知識的流通、獲取和轉化／ 102
第二節　歐盟創新能力評價／ 105
　　一、歐盟的創新競爭力／ 105
　　二、歐盟的創新增長率／ 106

三、歐盟的創新投入 / 107

　　四、歐盟科研人力資源狀況 / 109

第三節　歐洲研究區建設的成就與不足 / 111

　　一、歐洲研究區建設取得的成就 / 111

　　二、歐洲研究區發展的不足 / 114

第六章　歐洲研究區對中國的啟示 / 121

第一節　歐洲研究區對中國構建國家創新系統的啟示 / 121

　　一、政府自上而下的適時推動 / 121

　　二、分層次建設國家創新系統，加強各子系統的合作 / 122

　　三、決策前要廣泛徵詢建議 / 123

　　四、重視企業的作用 / 124

　　五、開發多種形式、互相補充的治理工具 / 125

　　六、在各區域創新系統中實施靈活專業化戰略 / 126

第二節　歐洲研究區對中國開展國際科技創新合作的啟示 / 127

　　一、國際科技創新合作的內涵 / 127

　　二、國際科技創新合作的類別 / 128

　　三、科技創新合作的意義 / 128

　　四、歐盟對中國開展國際創新合作的啟示 / 129

第三節　歐洲研究區對京津冀地區建設協同創新共同體的啟示 / 130

　　一、協同創新理論的發展 / 131

　　二、協同創新理論的研究現狀 / 132

　　三、協同創新共同體的含義 / 133

　　四、京津冀地區建設協同創新共同體的四個層面 / 134

　　五、借鑑歐洲研究區經驗構建京津冀協同創新共同體的對策 / 136

結論 / 142

　　一、歐洲研究區未來發展前景展望 / 142

　　二、歐洲研究區有待開展進一步研究的內容 / 147

參考文獻 / 148

緒論

一、研究背景和研究意義

(一) 研究背景

創新是經濟增長和社會發展的源泉，人類社會每一次重大發展都是建立在重大科技創新基礎上的。世界各國對創新的重視程度日益加深，都將創新競爭力看作是國家創新競爭力的重要組成部分。除了對技術創新加大投入外，也重視制度創新對技術創新的推動作用，除從制度上對技術創新給予激勵和保障外，還設立制度推動多層次的創新合作，從微觀層面創新主體間的創新合作，如區域間創新合作、國際創新合作，共享創新資源，提高創新效率。在推動創新的區域合作及國家間合作方面，歐盟地區一直以來都在積極探索有效的模式。從歷史上看，歐洲在研發領域是一個具有傳統優勢的地區，但隨著 21 世紀知識經濟時代的到來，由於科技成果在市場中的轉化能力相對較差，歐盟國家在應對全球創新競爭方面面臨著很大的壓力。歐盟在創新能力上一直落後於美國和日本，同時又被韓國、中國等新興國家快速趕超。韓國的創新能力目前已經超過歐盟，並且還在進一步擴大領先優勢，中國與歐盟在創新能力上的差距也在不斷縮小。同時，歐盟各國還面臨著經濟增長乏力、氣候變化、失業率高、人口老齡化、能源安全等問題，解決這些問題都需要依靠科技創新能力。在這種形勢下，歐盟各國認識到單靠任何一個成員國的力量都無法解決歐盟面臨的問題，必須要整合整個歐盟的研究和創新力量，團結各成員國和地區，聯合所有的創新相關部門共同努力，清除阻礙歐盟創新的制度障礙，才能提高歐盟整體的創新能力以應對各種挑戰。

近年來，歐盟一些成員國的創新能力一直在世界上位居前列，尤其是北歐的一些國家，如芬蘭、瑞典、德國、丹麥等，這些國家的共同之處是國家政策得當，以創新系統理論為指導，在國家創新系統建設方面取得了卓越的成就，使創新資源得到了有效整合，從而大大提高了國家的創新能力。即便在歐債危

機的背景下，這些國家仍保持經濟的持續增長，就業率也高於歐盟的平均水準。但是歐盟國家經濟發展水準很不平衡，東擴以來這個問題更加突出。歐盟定期發布的《創新聯盟記分牌》顯示，創新領先國在體現創新能力的各項指標上都遠遠優於創新落後國，雖然每年排名略有變化，但發展不平衡問題始終比較突出。在這種現狀下，通過什麼方式能將歐盟各成員國的創新資源有效整合在一起，通過何種機制能使成員國在競爭與合作中達到平衡並從整體上提升歐盟的創新能力，是歐盟在戰略層次上思考的重大問題。由於跨越國界，創新要素的整合比在一國之內整合資源更加複雜，更需要治理上的創新。最終，歐盟選擇了以建設歐洲研究區的方式來整合歐盟各國的創新資源。

2000年1月，歐盟委員會在法國斯特拉斯堡的會議上討論並通過了由負責研究的委員布斯坎（Busquin）提出的題為《建立歐洲研究區》的報告。該報告的主要內容是有關建立歐洲研究區的設想與做法，最初的目標是改善歐洲研究系統的效率和效益。隨後，在2000年3月歐盟理事會召開的里斯本會議上，正式提出了要建立歐洲研究區（European Research Area，簡稱ERA）。歐盟各成員國對於研究和創新的重要性達成共識，認為研究和開發在經濟增長、增加就業和社會融合中起著重要的作用，聯盟必須致力於「建立一個歐洲研究區」，使研究活動在國家和歐盟層面更好地協調，使研究活動盡可能高效和有創新性，並確保歐洲對最優秀的人才具有吸引力。歐洲研究區可以看作一個歐盟泛區域創新系統，裡面包括成員國的國家創新系統以及成員國地區的創新系統，基於各主體對共同利益的追求，將各國的創新相關主體凝聚在一起，形成一種超越了國家界限的系統合作關係。這種共同利益通過彼此合作來提升整體創新能力以促進各國的經濟增長和就業，應對共同面臨的社會挑戰。

各國不可能所有利益完全一致，各成員國之間在追求共同利益的同時也會存在競爭，甚至是衝突。在歐盟，大部分的科技創新相關政策是在成員國層面上執行的，由於各成員國的研究創新政策針對於提高本國的創新競爭力，往往不能從歐洲整體的角度來制定政策，使得有些成員國科技創新戰略的發展重心放在相同的研究領域，造成很多的重複建設和資源的浪費。而且對於一些大的研發項目來說，投資大、研究週期長，再加上市場失靈的存在，如果單靠市場的需求調節，這類項目往往無法展開，還有些大項目所需要整合的資源甚至超出了單個成員國的能力。為了平衡歐盟各國的合作與競爭，解決衝突，歐盟各國需要通過建立一個有效的治理機制來激發各國創新相關主體參與合作的積極性，提升創新主體的創新活力。隨著歐洲一體化的推進，進一步在歐盟層面上訂立統一的研發與創新政策，建立統一的歐洲研發與創新市場，對於提升歐盟

整體創新能力，促進歐盟經濟增長和增加就業至關重要。因此，歐洲研究區的建設是歐洲一體化進程推進的必然結果，歐盟希望通過歐洲研究區建設進一步協調歐盟、成員國及其區域各層級各種影響創新的政策，如促進科研人員跨界交流的移民政策、社會保障政策，針對科研項目跨界融資和項目跨界合作的政策，基礎設施跨界共建和共享政策、研究數據的跨界流動政策等；鼓勵合作研究，減少重複研究，使資源實現更加有效的配置，通過研究力量的有效整合產生規模效益，保證歐洲研究資源的最有效利用；為創新系統中的最核心要素——知識的有效流動創造條件，建設人才、資金和知識可以自由流通的歐洲統一研發與創新市場；保持歐洲科學研究的卓越性，提高歐盟的創新能力，有效應對氣候變化、糧食和能源安全以及公共健康等重大挑戰。

歐盟對歐洲研究區建設十分重視，歐洲研究區在歐盟近二十年來的各項重大戰略中都被確立為重要的內容。從「里斯本戰略」到「巴塞羅那目標」，再到目前正在實施的「歐洲2020戰略」，歐洲研究區都被寄予厚望，歐盟將歐洲研究區視作建立歐洲創新聯盟的核心內容。歐盟在第六個「框架計劃」中把歐洲研究區確立為一個重要的建設內容，在後續的「框架計劃」中也對歐洲研究區的各項治理工具不斷加大投資力度。在知識經濟時代，歐盟各國都認識到，要想在全球競爭中佔有一席之地，應對面臨的各種挑戰，必須整合各成員國的創新資源，將成員國的國家創新系統有效聯繫在一起，共同應對挑戰。雖然整合歐盟創新資源的想法很早就在成員國之間達成了共識，但由於歐盟本身是一個多層治理的機制，研究與創新政策的制定更是分歐盟、成員國和成員國地區三個層級，不同層級的相關機構對研究與創新政策的理解和執行方式是不同的，不同層級的政策制定考慮的是不同層面的利益，如區域科技創新政策考慮的是區域競爭力的提升，而國家的科技創新政策考慮的是一個國家的利益，歐盟的政策制定則要考慮歐盟整體，著眼於整合歐盟資源以提高歐盟整體創新競爭力。因此，歐洲研究區的治理不僅要協調歐盟、成員國、成員國地區三者之間的縱向關係，還要協調政府、高等院校、研究機構、企業、創新服務機構之間的橫向關係。歐洲研究區的治理是複雜的，因此，歐洲研究區的建設必將不是一個簡單、順利的過程。

(二) 研究意義

1. 歐洲研究區的建設能驗證泛區域創新系統理論並推動其發展

自20世紀中葉系統科學興起以來，「系統範式」研究方法引入到了創新的研究中。近年來，創新系統的研究引起了世界各國的重視，目前主要集中於對國家創新系統和區域創新系統的研究，各國紛紛根據本國和地區的特點在創

新系統理論的指導下構建創新系統以提高本國和本地區的創新能力。創新系統關注影響創新的各個要素、各個環節以及彼此之間有效聯繫的建立。從各國的實踐來看，創新系統的建設被證明確實有助於一國或一個地區提升創新能力。從理論角度來說，跨國界的泛區域創新系統是可以存在的，但目前這方面的研究還不多，隨著國際技術合作的進一步深化以及世界區域化發展趨勢的進一步加強，對泛區域創新系統理論進行研究是被現實所需要的。歐盟地區是世界上一體化發展最好的區域，建設歐洲研究區的實質就是建立歐盟泛區域創新系統，要使歐盟各成員國的創新要素在這個系統中有效整合，使知識在系統內自由流動從而提升整個歐盟泛區域創新系統的創新能力。實踐往往先行於理論，國家創新系統理論就是在學者對美國和日本提高國家創新能力的成功經驗進行剖析的過程中產生並發展起來的，區域創新系統理論也是學者對在創新方面取得卓越成效的區域進行研究的過程中逐漸發展起來的。歐盟對於歐洲研究區建設的實踐探索是將創新系統理論和實踐相結合，探索跨國創新主體相互作用與合作的機制和規律，消除阻礙系統內要素有效整合的因素，最大限度地提高泛區域創新系統的創新績效。因此，通過對歐洲研究區的研究，可以從其建設中總結規律性經驗，促進泛區域創新系統理論的發展。

2. 研究歐洲研究區有利於把握歐盟未來的創新發展戰略

歐洲研究區的建設是目前歐盟提升其整體創新能力的最重要舉措之一，從2000年至今，歐洲研究區已經建設了十餘年，從初步的設想到概念越來越清晰、目標越來越明確、措施越來越具體、監督機制越來越完善，在建設過程中取得了一定成效，也累積了一定經驗。但是歐洲研究區建設仍有很多問題尚待解決，如成員國之間的研究和創新政策還有待進一步協調，成員國之間創新能力的差距還比較大，歐盟在世界上的創新競爭力並沒有顯著提升，整體研發投入受到歐債危機的影響，增速減慢，甚至有些成員國和有些部門的科研投入下降，距離科研投入占GDP的3%的目標還有不小的差距。根據「歐洲2020戰略」，歐盟建成歐洲研究區的最後期限是2014年，目標是到2014年前要建成歐洲研究與創新的統一市場，使各成員國的科研人員、機構及相關企業加強互動、增進合作，提高歐盟的科技水準、創新競爭力和創新能力。目前看來，這個目標在2014年並未全面實現。沒有按期實現的原因是多方面的，最重要的原因是歐洲研究區治理機制的「軟」治理使得歐盟層次制訂的計劃在成員國層面的執行程度有很大差別；也與困擾歐洲大陸幾年的歐洲債務危機有關，歐債危機造成的最直接的影響是從總量上減少了歐盟整體的創新投入；也與近年來歐洲一體化進程受到的政治考驗有關，影響了成員國政府對歐洲研究區的關

注。但不可否認的是歐洲研究區建設已經取得了初步成效，上至歐盟下至大部分成員國和地區對實現歐洲研究區的決心是堅定的。歐盟 2015 年制定了《歐洲研究區發展路線圖》，對歐洲研究區建設的最終建成是一個指導性文件，希望歐洲研究區在各成員國層面的建設目標更明確、更協調、更高效。對歐洲研究區十餘年的建設情況進行梳理和分析，研究歐洲研究區的建設方式及建設成效，分析其成就和不足，總結歐洲研究區的建設經驗及教訓，對於把握歐盟創新發展戰略、瞭解歐盟提升創新能力的措施、預測歐盟未來研究與創新發展前景是有重要意義的。

3. 歐洲研究區的建設對其他國家和地區有借鑑意義

在全球化的知識經濟時代，科技創新合作越來越普遍，先是企業間的創新合作、產學研機構之間的創新合作、政府之間的創新合作，又逐漸發展到創新主體在一國內的跨區域合作，乃至創新主體跨國間的合作。推動科技創新的國際合作已經列入了很多國家的創新發展戰略中。跨國的科研和創新合作越來越多，是世界經濟和社會客觀發展的需要。在應對人類共同面臨的環境、氣候、能源、健康等問題上，若憑一國之力成本太高、風險太大，需要聯合世界各國的力量。創新合作的邊界已經跨越國界，但是在合作模式、知識共享、創新成果分享等方面還有許多機制需要探索。在歐洲研究區建設中，要試圖建立各國間有效的研究與創新合作機制，找到各國研究與創新競爭與合作的平衡點，提高歐盟的整體創新能力，整合歐盟各國的研究與創新力量。建立歐洲研究區，既是解決歐洲目前困境的切實辦法，又為世界上其他相鄰國家之間建立研究與創新的合作機制提供了有益的借鑑。因此，研究歐洲研究區有助於探索跨國科研和創新合作的有效方式。同時由於歐盟一體化的背景，歐盟成員國之間的聯繫比一般的相鄰國家更密切，能夠給像中國這樣人口眾多、地區發展不平衡的大國在如何有效整合各區域創新資源、建立有效的國家創新系統、發展區域協同創新方面提供有益的啟示。

二、歐洲研究區的含義

「歐洲研究區」的概念最初由歐盟委員會於 2000 年在《建立歐洲研究區》的報告中提出，並沒有一個明確的定義，只是概述了歐洲研究區概念包含的十項內容，分別是：建設歐洲現有卓越研究中心的網絡體系並利用新的互聯工具建立虛擬中心；對歐洲大型研究設施的投資和建設採取一致行動；使國家層面和歐洲層面的研究行動更協調，加強歐洲科學技術機構之間的合作；更有效地利用各種手段以促進研究和創新投入的增加；設立政策執行的共同科技參考系

統；增加科研人力資源的數量，提升其流動性；汲取區域和地區關於知識轉化的先進經驗，發揮地區在歐洲研究中的作用以增加歐洲研究的協調性；加強東西歐科學界、企業界和研究人員的聯繫；增強歐洲對世界科研人員的吸引力；提升科學技術領域共同的社會價值和倫理價值。

2002年10月，歐盟委員會發布了題為《歐洲研究區：提供一種新動力》的通訊，總結了歐洲研究區概念的三個關鍵點：第一，建立運行良好的統一研究市場，研究人員、知識和技術可在其中自由流通以增進協作，鼓勵競爭並優化資源配置；第二，有效協調各國研究行為和研究政策以重構歐洲的研究結構；第三，發展歐洲研究政策，其內容涉及對研發活動的經費資助，以及與歐盟及其成員國其他政策相關的方面。

2007年，《歐洲研究區：一種新視角》中提出歐洲研究區的概念為：研究的「內部市場」，研究者、技術和知識在其中自由流通；國家和區域層級的研究活動、項目和政策在歐洲層面上有效統一；行動在歐洲層面上得到資助並執行。

2007年，歐盟各國簽署的《里斯本條約》中，第179條將歐洲研究區明確定義為：「以內部市場為基礎的面向全世界的統一的研究區域，研究人員、科學知識和技術在其中自由流通，通過其發展來加強聯盟及成員國的科學和技術基礎，提高其競爭能力以及聯合應對重大挑戰的能力。」

目前，在歐盟及成員國中一致認同的是《里斯本條約》中所明確的歐洲研究區的定義。歐洲研究區的概念雖然從2000年以來越來越精煉，但所包括的關鍵點並沒有改變，只是更加突出歐洲研究區的關鍵要點，即在歐洲統一的研究區域內，知識及其載體能自由流通，各國研究行動和研究政策能得到統一。

從定義中可以看出歐洲研究區建設的核心是促進知識的流通，因為研究人員和技術都可以看作是知識的載體，而知識是協同創新共同體中的核心要素，是創新合作鏈條上的最關鍵流動要素，也是各創新主體協同創新合作網絡上的關聯要素。歐洲研究區旨在通過促進知識流通加強創造知識的各部門之間的合作，提高歐盟地區的整體創新能力。歐洲研究區的建設是將歐盟統一市場延伸到了科研領域，將知識要素打造為繼商品、服務、人員和資本四個自由要素的「第五個自由」要素。

歐盟希望在歐洲研究區建設中通過有效治理，激發相關利益方的參與積極性，提升研究與創新主體的創新活力。

三、研究現狀

歐洲研究區尚未引起歐盟以外的學者的廣泛關注，目前對歐洲研究區進行

研究的基本都是歐盟的組織和學者。歐洲研究區的概念正式提出以前，歐盟關於歐洲創新一體化就有一些有益探索，比較有影響力的是歐盟委員會資助的由多國學者合作的「創新系統與歐洲一體化」的研究計劃，該計劃於 1996 年開始，於 1998 年完成，研究如何將創新系統理論及方法運用於歐洲創新系統，其總體目的是詳細闡述「創新系統理論方法」。這一計劃對創新系統理論研究的層次性做了清晰的概括，認為一個創新系統能在多種意義上「超國家」。除這一研究計劃外，歐洲其他的研究組織也展開過相關的理論探索。在進行理論探索的同時，歐洲國家還進行了許多卓有成效的實踐，主要體現在歐盟成員國的各種科技合作計劃上，其中最成功的實踐體現在一系列的「研究與技術開發框架計劃」中，歐盟已經實施了七個框架計劃，目前正在實施的是「地平線 2020」，實質是新的框架計劃，沒有延續以往的命名方法是為體現歐盟希望在創新理念方面做出改變。

　　歐盟在 2000 年明確提出了建立歐洲研究區，從那時起，歐盟成員國、歐盟機構及各利益相關機構都積極投入到對歐洲研究區的研究中，尤其是歐債危機爆發以來，歐盟各界對歐洲研究區的重視度加強，關於歐洲研究區的報告、結論、文件越來越多。具有重要意義的文件主要有：2000 年 1 月 18 日的題為《建立歐洲研究區》的報告，該報告的主要內容是有關建立歐洲研究區的設想與做法。這份報告中關於歐洲研究區的概念尚不夠清晰，只是提出了概念所包含的十個要素。2002 年 10 月，歐盟委員會發布了題為《歐洲研究區：提供一種新動力》的通訊，其中歐委會總結了歐洲研究區概念的三個關鍵點，比起 2000 年的報告，歐洲研究區的框架更清晰了一些，在這份通訊中將歐洲研究區的目標分解成六個層次。在 2007 年，歐盟委員會發布了《歐洲研究區：新視角》的綠皮書，對於歐洲研究區的概念重新進行了闡釋，使歐洲研究區的概念更清晰，而且歸納出歐洲研究區建設的六個層面，即單一的研究人員勞動力市場、世界級的研發基礎設施，加強研究機構的力量、促進知識流通和分享、優化研究項目並確定優先發展順序、開展國際合作。2008 年 5 月，歐盟理事會的報告《盧布爾雅那進程：全面實現歐洲研究區》明確了改善歐洲研究區治理和制定共同發展遠景的重要性，概括了遠景應包括的五個部分內容，強調了治理應遵循的原則。歐盟委員會於 2010 年 3 月發布的《歐洲 2020》報告中提出成立「歐洲創新聯盟」是七大旗艦計劃之首，而歐洲研究區是建設創新聯盟的核心。2012 年 7 月 17 日，歐盟委員會發布了題為《加強歐洲研究區夥伴關係，促進科學卓越和經濟增長》的政策文件，明確了在建設歐洲研究區過程中發展相關主體間的夥伴關係的重要性，這份文件也對歐洲研究區現

狀進行了一個分析和評估，並且指定了發展的五大優先領域。2013年，歐盟委員會發布了《歐洲研究區發展報告2013》，介紹了成員國在歐洲研究區建設方面已經採取的措施及所取得的成就，提供了目前歐盟及成員國在幾大優先發展領域建設情況的實例和數據（COM（2013）637 final）。2014年，歐盟委員會發布了《歐洲研究區發展報告2014》，對歐洲研究區在各成員國的建設情況進行了比較和分析，分析了歐洲研究區各主體建設歐洲研究區的進展。2015年，歐盟理事會發布了《歐洲研究區路線圖2015-2020》，回顧了歐洲研究區建設的進展及重要的文件，重申了歐洲研究區在歐洲創新聯盟建設中的基石作用，提出了在2012年，歐盟《加強歐洲研究區夥伴關係，促進科學卓越和經濟增長》政策文件提出的歐洲研究區建設五大優先領域的基礎上加上一條——「歐洲研究區的國際化」，路線圖為歐洲研究區的下一階段建設提供了具體的指導。2017年，歐盟委員會發布了《歐洲研究區發展報告2016》，第一次對成員國參與歐洲研究區建設的各項評價指標進行了排序，可見歐盟下一階段將歐洲研究區建設的重點放在成員國層次的建設，歐洲研究區最終能否建成，關鍵在成員國的支持和參與。在各個優先發展領域中，都能清晰地從評價表中看出這一領域在成員國中的建設情況，能清晰地看出建設歐洲研究區的主要參與力量，體現出歐洲研究發展報告的監督作用也在進一步加強。

歐洲的一些學者也從不同角度對歐洲研究區進行了研究。2003年，斯特法諾·布萊斯基和露琪婭·古斯馬諾發表文章《揭開歐洲研究區的本質：在歐盟框架計劃下出現的集團網絡》，作者認為歐洲研究區的實質就是有影響力的優秀研究中心之間的有效合作，這些有影響力的集團在框架計劃下就已經出現，它們聯結成有效的研究網絡，開展有戰略意義的項目的研究，使知識有效傳播，產生的溢出效應能擴散到不發達地區，最終提升歐盟整體的創新競爭力。文章還對歐洲研究區關於歐盟層面的制度構建提出了建議。埃克（2005）的文章《促進歐洲研究區的科學流動性與平衡增長》關注了歐洲研究區中的科學流動問題，分析了科學流動對地區和科研工作者的影響。強調發展歐洲研究區的戰略要注意地區的平衡發展問題，避免造成包括研究人才在內的科研資源從不發達地區向發達地區的單向流動[①]。2012年，萊米·巴萊發表文章《衡量歐洲研究區的一體化和協調機制》，關注為實現歐洲研究區進行的國家和區域創新系統的重構，聚焦於創新行為在歐洲層面上的一體化，從實證角度對創

---

① Louise Ackers.「Promoting Scientific Mobility and Balanced Growth in the European Research Area」[J]. Innovation: The European Journal of Social Science Research, 2005, 18（3）: 301-317.

新的一體化程度進行了量化分析①。挪威的 Kjetil Rommetveit 等 2013 年的文章《歷史研究的角度分析歐洲研究區的前景》認為，科技政策發展史、科技哲學和科技社會學對於分析歐洲先行的科技發展舉措如歐洲研究區的建設有重要意義，歐洲價值觀的形成和發展在歐盟科技合作發展中有著重要的影響，在進行歷史分析的基礎上重新評價了歐洲研究區目前的運行狀況。斯洛伐克日利納大學的 Branislav Hadzima 等 2015 年的論文《旨在減少歐洲研究區發展不平衡性的科技園和研究中心中的可持續要素》主要從資金支持的角度分析了科技園和研究中心的可持續性發展問題，文章指出歐盟為了減少科技創新發展的不平衡性，投入了很多名目的資金，要想保證這些資金的持續性，以斯洛伐克的研究機構為例，分析了減少風險、提高發展可持續性的建議②。CARLOS Alberto Fernandes De Almeida Pereira 在 2016 年的文章《歐洲研究區中的跨國合作：科學研究基金管理的機遇與挑戰》中提出歐洲研究區的三大基本原則是知識的開放式獲取、研究人員自由流動和成員國科研項目的協調化，在跨國合作的背景下討論歐洲研究區內研發基金的開發和組織策略。

　　隨著歐洲研究區夥伴關係的加強，有很多歐洲的諮詢機構和研究機構也對歐洲研究區進行了研究。2010 年，聯合研究中心的前瞻技術研究所的研究者蘇珊娜等撰寫的報告《發展歐洲研究區：開放國家研發項目及採取聯合研發政策措施》，旨在為歐盟、成員國及地區層次的政策制定者在實現歐洲研究區 2020 遠景目標方面提供建議。報告認為，要實現歐洲研究區有兩個關鍵點，一是通過開放國家研發項目加強知識在歐洲研究區中的擴散；二是通過聯合項目加強創新資源的投入及共同研發政策的制定。2011 年，歐洲研究區委員會在《發展歐洲研究區框架的意見》中總結了歐洲研究區建設以來取得的成績，分析了阻礙歐洲研究區建設的障礙並提出瞭解決問題的建議。2012 年，由聯合研究中心的前瞻技術研究所（Joint Research Centre–Institute for Prospective Technological Studies）、社會創新中心（The Centre for Social Innovation）和德國弗勞恩霍夫系統與創新研究院（Fraunhofer Institute for Systems and Innovation Research，ISI）研究機構的研究者們為「歐洲研究區的未來前景」項目撰寫報告

---

① Remi Barre, Luisa Henriques, Dimitrios Pontikakis, Matthias Weber K. Measuring the integration and coordination dynamics of the European Research Area [J]. Science and Public Policy, 2013, 40: 187-205.

② Branislav Hadzima, Stefan Sedivy, Lubomir Pepucha, et al. Sustainability Factors of Science Parks and Research Centers in Relation to Reducing Imbalance in European Research Area [J]. European Scientific Journal, 2015, 11 (1): 237-247.

《歐洲研究區結構圖》的第一版，分析了歐洲研究區中各利益相關者在歐洲研究區中的角色，揭示了歐洲研究區的治理結構、政策環境，並分析了歐洲研究區與「歐洲2020戰略」的關係。2013年，對應《歐洲研究區發展報告2013》，歐盟的研究與創新總司發布了《關於履行歐洲研究區的建議通訊——2013專家組報告》，報告逐個分析了2012年確定的優先發展領域，為了加快歐洲研究區的建設，對歐盟、成員國、協議國和利益相關組織的關鍵行動提出了建議，推舉出在優先發展領域中建設較好的典範國家，並對這些成功案例進行了分析，以供大家效仿和學習[1]。2015年，ICF國際諮詢公司為歐盟科研與創新總司完成的報告《歐洲研究區在成員國及聯盟國的進展評估》從歐洲研究區的五大優先發展領域及國際化程度方面評估了成員國和聯盟國參與歐洲研究區建設的進展和不足。2015年，VERA組織發表了報告《在十字路口的歐洲研究區》，討論了歐洲研究區發展乃至歐洲創新系統發展的前景，分析了影響其發展前景的關鍵因素，探討了政策、執行及治理問題。

成員國對歐洲研究區的重視程度也在逐漸加強，一些成員國的學者研究了歐洲研究區對本國的影響並提出了本國應採取的對策。如2004年，英國國會科學技術辦公室（Parliamentary Office of Science and Technology，POST）發布報告《歐洲研究區》，闡述了參與歐洲研究區對提高英國科技創新能力的意義，分析了在歐盟層次開展科研的優點，分析了英國目前採取的行動及效果。2011年，斯蒂芬妮等撰寫的《德國與歐洲研究區》，分析了歐洲研究區的工具，包括機構及聯合項目等，闡述了歐洲層面創新的重要性，並提出了德國針對歐洲研究區應當採取的戰略，總結了德國面臨的機遇和挑戰[2]。

隨著對歐洲研究區研究的深入以及歐洲研究區建設的逐步推進，歐洲研究區的內涵界定越來越清晰，目標越來越明確，措施制定也越來越具體，並且有可行性。歐洲研究區各利益相關方關注的重點已經從歐洲研究區的戰略制定轉為制訂明確、具體的行動方案，但是對於一些障礙的克服尚未提出很好的辦法，只能隨著歐洲一體化進程的整體推進逐步解決問題。

目前，中國學者對於歐洲研究區的關注不多，相關文章僅有幾篇。劉輝（2000）的《歐盟醞釀建立歐洲研究區》是中國國內第一篇介紹歐洲研究區的

---

[1] Directorate-general for Research and Innovation. Recommendations on the implementation of the ERA communication: report of the expert group 2013 [R]. Luxembourg: Publications Office of the European Union, 2013.

[2] Stephanie Daimer, Jakob Edler, Jeremy Howells. Germany and the European research area [J]. Studien zum deutschen Innovations system, 2011.

文章，基本是一種翻譯性介紹。金啓明（2002）的文章《歐盟創建歐洲研究區戰略》對於歐洲研究區的背景和意義進行概括，對歐洲研究區計劃的四大建設領域進行了介紹。劉進、於宜田（2016）的《促進跨國學術流動：2000年以來的歐洲研究區建設研究》一文研究了歐洲研究區建設中的人才流動問題。國內還有一些報紙從新聞的角度對於歐洲研究區進行過報導。另外，《全球科技經濟瞭望》雜誌中有一些文章介紹歐洲創新現狀、政策和政策工具，有利於幫助理解歐洲研究區的建設和治理。目前，中國尚沒有學者比較深入地對歐洲研究區進行研究，甚至連全面的介紹性文章也沒有。

四、研究方法和框架

（一）研究方法

1. 文獻研究法

搜集與創新系統理論相關的書籍和學術期刊，歸納泛區域創新系統的相關理論。對與歐洲研究區有關的歐盟法律、法規、政府文件和歐盟報告進行梳理，對歐洲研究區的建設情況做全面的分析。對國內外學者關於歐洲研究區的研究成果進行收集、整理、分析，對觀點進行歸納，進行文獻綜述。

2. 比較研究法

對於歐洲研究區不同時期的建設情況進行比對，分析變化及原因，探索變化趨勢。評價歐洲研究區的建設成效和存在的問題，對歐洲研究區發展前景進行預測。對歐盟地區和亞洲地區及中國地區進行分析比較，總結可以通用的促進區域科技合作方面的經驗。

3. 定量研究法

通過歐盟發布的報告及歐洲統計局和OECD等網站發布的數據進行整理，對於歐洲研究區建設情況搜集數據進行定量分析，評價歐洲研究區的建設進展，分析不同成員國參與歐洲研究區建設的情況，根據定量分析結果評價歐洲研究區建設的成效與不足。

（二）研究內容與框架

1. 研究內容

本書主要以創新系統理論為依據，對歐洲研究區的建設進行了分析，歸納歐洲研究區的建設目標，分析歐洲研究區的建設方式，對歐洲研究區的建設成效進行評價，總結其有益經驗並分析其對中國構建國家創新系統和開展國際科技創新合作的啓示。

本書第一章簡單分析了從線性創新理論到創新系統理論的發展，對創新系統

理論進行了歸納。歐洲研究區本質是一個泛區域跨國創新系統，由於跨國層次的創新系統理論還比較缺乏，所以本書主要從對國家創新系統理論和區域創新系統理論的梳理和分析中總結出創新系統理論的共性、加入跨國創新系統的特殊性因素，歸納出泛區域創新系統的特徵，並以此作為分析歐洲研究區建設的理論依據。

第二章分析了歐洲研究區建設的原因和目的。歐洲研究區的建立既是歐洲進入知識經濟時代後提升整體創新能力應對共同挑戰的需要，也是歐洲一體化發展到一定階段的歷史要求。結合當代創新系統理論的發展，歐盟在各成員國一定的科技合作基礎上成立了歐洲研究區。歐洲研究區的直接目標是要解決影響創新的市場失靈和系統失靈問題，在研究與創新領域打造統一的研究與創新市場，使知識作為「第五個自由」實現自由流動，從而提高歐盟整體的創新能力。歐洲研究區更深層次的目標是通過加強創新促進歐盟經濟的持續增長和就業的增加。

第三章對歐洲研究區的建設方式進行介紹。首先列出了歐洲研究區建設的法律依據，主要是《里斯本條約》中的相關條款，接下來對歐洲研究區的各級決策主體及影響決策的機構進行了歸納，分別介紹了不同機構的具體職能。其後對歐洲研究區的治理模式進行了分析。最後分析並歸納了歐盟為順利推進歐洲研究區建設而開發的各種工具，並對這些工具的運行機制進行了介紹。

第四章通過梳理歐洲研究區相關文件和研究報告對於歐洲研究區的建設歷程進行了梳理。

第五章根據歐洲研究區目標和任務完成情況對歐洲研究區的建設成效進行評價，分析其成就和不足。

第六章從開展國際科技創新合作角度、創建中國國家創新系統和建設跨區域協同創新共同體角度分析了歐洲研究區對中國的啟示。

2. 本書的研究框架

本書的研究框架如圖 1 所示。

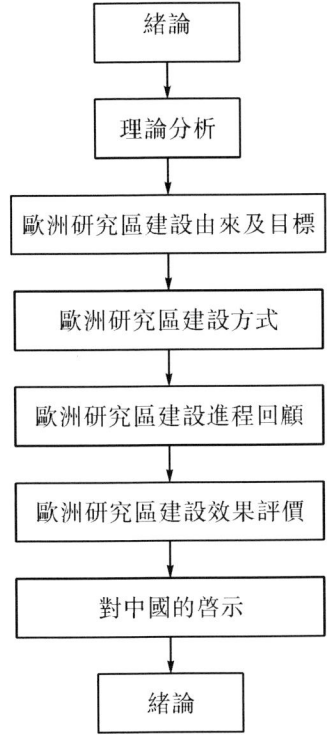

圖 1　研究框架

五、創新點與不足

（一）本書的創新點

1. 研究內容的創新

歐洲研究區作為「歐洲 2020 戰略」中「創新聯盟」旗艦計劃的核心，其重要性在歐盟和成員國間已經達成共識。從 2000 年開始至今，歐洲研究區已建設了十餘年，歐盟各界對歐洲研究區寄予了厚望，希望能夠通過歐洲研究區的建設改變歐洲目前研究力量分散、重複建設的弊病，整合各成員國力量，通過有效的政策和治理工具能夠有效提升歐盟的創新競爭力，進而促進歐盟經濟的增長和就業的增加。歐洲研究區是一個泛區域創新系統，各創新主體跨越國界聯結成創新網絡，是一種跨國聯合創新的新舉措，對其他國家和地區也有借鑑意義，因此研究歐洲研究區有著重要的理論和現實意義。而目前，中國還沒有人對歐洲研究區進行研究，因此這個選題是具有創新意義的。

2. 理論的創新

近年來，隨著世界進入知識經濟時代，國家創新系統和區域創新系統的研究越來越得到世界各國的重視，隨著跨國和跨區域聯合研發與創新的增多，跨區域創新系統的研究開始出現，但目前這方面的研究成果還相對比較少。歐盟地區一直是區域一體化發展的典範，即便是遭遇了歐洲債務危機的打擊，歐洲一體化的進程仍在進一步的推進。在不斷推進一體化的過程中，為了更加有效地整合歐盟各國的科技資源，保持和提升歐盟在世界科技創新領域的影響力，解決歐洲各國共同面臨的社會問題，促進經濟增長和就業增加，歐盟明確提出了建設歐洲研究區、建立歐盟統一的研究和創新市場，其實質就是構建一個歐盟跨國的泛區域創新系統。本書嘗試分析泛區域創新系統的特徵並以此分析歐洲研究區的建設，通過分析歐洲研究區建設的實踐，探索泛區域創新系統建設規律，是具有理論創新意義的。

本書將在所掌握的一手材料和數據的基礎上，重點分析歐洲研究區的建設方式、建設中取得的成就及面臨的問題，分析在解決問題方面歐盟累積了哪些有益經驗以及尚存在哪些不足，希望通過研究能進一步發展創新系統理論，並總結歐洲研究區建設的經驗和教訓，以給其他地區和國家在構建創新系統及發展科技創新合作機制方面提供啟示。

(二) 研究的難點與不足

國內缺乏歐洲研究區的研究資料，收集國外資料又具有一定難度，尤其是歐盟成員國及研究組織的研究者近期關於歐洲研究區的研究成果很難獲取，因此，關於歐洲研究區的研究現狀並未能十分準確地把握。

歐洲研究區本身涉及的政策領域非常廣泛，不僅涉及研究與創新政策，還涉及社會保障政策、教育政策、產業政策等政策領域。由於作者能力有限，不能全面掌握各種政策，因此對歐洲研究區的研究主要從研究與創新的角度進行分析，其他政策領域涉及較少。

歐洲研究區尚處於建設中，因此很多機制尚不成熟，對正在發展中的事物進行研究很難形成嚴密的研究體系。

歐洲研究區本身缺乏理論指導，本書希望能通過對歐洲研究區的研究將跨國的泛區域創新系統理論有所推進，但由於能力有限，理論探索的深度非常有限。

第一章 歐洲研究區建設的理論分析

第一節 創新系統的內涵

一、創新的概念

關於創新的定義有很多種，總的來說可以分為廣義和狹義兩種，狹義的創新主要是指技術創新，而廣義的創新還包括除技術創新之外的所有創新，認為創新在任何一個社會部門都可以發生。

最早將創新概念引入經濟學的熊彼特認為創新的內涵很豐富，包括新產品、新技術、新市場、新原料、新組織五個方面，既包括技術創新範疇，又包括管理創新和組織創新範疇。

經濟合作與發展組織（OECD）指出技術創新包括新產品和新工藝以及產品和工藝的顯著的技術變化，如果創新在市場上通過產品的形式得到認可或者在生產工藝中得到了採用就可以認為創新完成了。

歐盟在 1995 年發布的《創新綠皮書》中將創新定義為：新事物在經濟和社會領域成功地生產、吸收和運用。它提供一種解決問題的新方法，從而能使個人和社會的需求得到滿足。

1997 年，以布朗·約翰遜（Björn Johnson）為領導的研究小組向歐委員會遞交了《歐洲一體化和國家創新系統的研究報告》，其中將創新定義為將新知識或舊知識的新組合引入經濟中，將創新看作一個過程，不僅包括知識第一次

被運用到經濟中，還包括知識的擴散及知識的擴散帶來的新產品或新工藝流程①。

2010 年，歐盟委員會在《將歐洲轉變為真正的創新聯盟》的備忘錄中，將創新寬泛地定義為改變或加速改進設計、開發、生產及獲取新產品、新工業流程和新服務的方式。

2014 年發布的《歐洲研究區發展報告 2014》中將創新定義為將新的或有重大改進的產品（包括商品或服務）引入市場，還包括新的或有重大改進的流程、組織形式或行銷方法的採用。

從創新概念的發展看，創新的概念越來越寬泛。歐盟採用的是寬泛意義的創新概念，因此本書中的創新也指的是廣泛意義上的創新。只要是有別於現有思維模式的新型思維模式的外化體現都可以看作是創新，既包括技術的創新又包括制度的創新，還可以進一步延伸到組織創新、環境創新等。

二、創新系統的含義

系統並非是創新活動特有的，一般系統表示構成一個統一整體的群體，群體有著共同利益，群體內存在著有規律的互動和相互聯繫。系統中的各組成部分按照某種方式整合就會產生出新的特性，各組成部分與整體環境以及各部分之間的相互聯繫和作用所產生的效果會大於部分之和。系統管理是對組成系統的諸要素、要素之間的關係、系統結構、系統流程及系統與環境之間的關係進行動態的、全面地組織，以促進系統整體功能不斷升級優化。系統科學方法是將研究對象放在一個系統背景下，從整體和全局的角度來研究系統與構成系統的主體、各主體之間相互作用的關係，對研究對象進行深入地分析，深刻地認識問題、分析問題並找到解決問題途徑的一種研究方法。

創新系統將和創新有關的各主體和要素看成是一個整體，系統中最重要的要素是知識，知識在創新系統中生產、流動和運用，最終實現創新。系統中的主體是與知識和技術的生產、傳播、使用有關的機構，主要有企業、政府、研究機構、高等院校、各種創新服務組織（包括風險投資機構、科技仲介、企業孵化器等）②。知識在系統中的各主體間通過編碼化的知識和意會知識流動。企業是核心主體，因為企業不僅創造和管理知識，還肩負著知識和技術市場化

---

① Birgitte Gregersen, Björn Johnson. Learning Economies, Innovation Systems and European Integration [J]. Regional Studies, 1997, 31 (5)：479-490.

② 科技仲介機構是指創新主體間的橋樑，開展技術擴散、成果轉化、科技評估、創新資源配置、創新決策與管理諮詢等專業化服務。

的重任，是推動創新實現的關鍵。政府通過法律和政策的制定起著引導和調控的作用，通過監管糾正系統失效問題，參與建設科學技術研發的基礎設施，為研究與創新相關活動提供資金支持。研究機構擔負著科學和技術研究開發的職能，創造新知識並為企業提供技術支持。高等院校不僅創造和傳播知識，還承擔著培育創新人才的職能。創新服務組織為其他創新主體提供專業化服務，促進知識的傳播和技術的轉移。創新系統理論主要就是研究系統中各主體之間的相互作用和聯繫，找到使知識有效地在系統中創造、傳播並得到轉化和應用的最佳方法，提高創新系統的整體創新能力。

創新系統就是系統內各創新主體互相作用形成的網狀結構及系統內制度安排的總和。創新系統理論就是將創新作為研究對象，放在系統的背景下研究如何通過系統內各創新相關主體的有效互動機制提升系統的創新能力。

三、創新系統的共同特徵

創新系統有多種分類方式，創新系統按地理空間範圍劃分，從大到小可以分為全球創新系統、跨國的泛區域創新系統、國家創新系統、區域創新系統。相對應地也有全球創新系統理論、泛區域創新系統理論、國家創新系統理論和區域創新系統理論。此外，還要研究微觀的企業創新系統理論，研究中觀產業的產業創新系統理論和集群創新系統理論，關注創新技術特性的技術創新系統理論。

創新系統的研究對象都較為創新，都是從系統的角度進行研究。雖然創新系統有不同的劃分方式，但所有創新系統都具有共同的特徵，具體如下：

(一) 複雜的網狀結構

創新系統中包含多個行為主體，如果不考慮層級，不同類別的創新系統包含的主體類別是相同的，分別是企業、政府、研究機構、高等院校和創新服務機構。這些主體都是與知識生產、傳播和應用有關的。企業是介入知識的生產、傳播和運用全過程的核心主體，研究機構和高等院校是知識的創造者，又會通過技術成果和人員流動傳播知識，創新服務組織為其他創新主體服務，政府為知識的生產、傳播和流動創造有利的制度環境。系統中的主體相互聯繫，形成網狀結構，各個主體分別是網絡的結點。知識的流動將這些結點聯繫起來，如圖1-1所示。

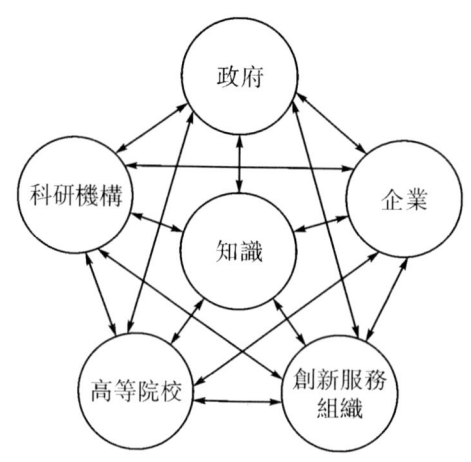

圖 1-1　創新系統主體網狀結構圖

（二）使知識有效流動是創新系統最核心的問題

創新能力的提高取決於知識流動效率的提高，知識在創新系統網狀結構中的各個結點間流動，將各個主體聯繫起來，使各個主體之間互相反饋。創新系統的順利運作取決於知識的流動效率和流動效果，因此對於創新系統主要以知識的流動效率和效果來評價。知識流動的途徑主要包括：企業間的聯合研究和技術協作；企業和高校或研究機構之間的共同研發和協作；高校和研究機構之間的研發協作；各主體間的人員交流，包括人員在各部門之間的工作流動和各種形式的交流活動；知識通過產品擴散，如技術和機器設備的採用。

（三）制度在創新系統中起重要作用

在創新系統中，制度起著非常重要的作用，影響著系統內各主體的行為方式及主體間相互作用的方式和過程。在創新系統中，創新很大程度上不是一個自發的結果，而是制度推進的結果。制度對創新的激發和支持既有直接影響也有間接影響，直接影響包括研究與創新政策、知識產權保護等制度，間接影響包括教育、收入分配、社會保障、就業、金融等制度。制度通過法律、政策、標準、規則等形式在創新系統中發揮著作用。

第二節　創新系統理論的發展

一、線形創新到系統創新

創新系統理論是隨著創新理論的發展產生的，最早將「創新」概念引入

經濟學的是原籍奧地利的美國著名經濟學家約瑟夫·A·熊彼特，他於1912年發表的著作《經濟發展理論——對於利潤、資本、信貸、利息和經濟週期的考察》中提出了創新的經濟學概念。熊彼特所說的「創新」包括以下五種情況：第一，引進新產品，既包括消費者不熟悉的新產品也包括產品的一種新特徵。第二，採用一種新的生產方法，引用新技術，並不一定需要新的發明，也包括商業上處理一種產品的新方式。第三，開闢新市場，進入一個以前不曾進入的市場，這個市場也許是從未存在的市場，也許是這種產品沒有進入過的已有市場。第四，掠取或控制原材料或半製成品的一種新的供應來源。第五，實現企業的新組織形式。熊彼特認為創新大部分產生於企業中，創新活動是由特定的人群——企業家所執行的[1]。熊彼特又在20世紀30年代和40年代對創新理論進行了補充。熊彼特的創新理論提供了一種新的研究視角，開創了一個新的研究領域，為後來的創新理論的蓬勃發展提供了無限空間。

20世紀30年代，正是凱恩斯主義盛行的時期，創新理論的發展比較緩慢，隨著20世紀50年代以來科學技術的迅速發展，技術發展對國家的經濟發展產生了深刻影響，引發了學者對技術進步和經濟增長關係的研究，使得創新理論得到了發展。

20世紀50年代，以索洛為代表的新古典經濟學派研究了技術進步和經濟增長的關係。1951年，索洛提出創新成立的條件是新思想的來源及其後來的實現和發展。1956年，索洛模型首次提出在索洛模型中，技術進步率作為一個外生變量，被看作是除儲蓄和人口增長之外的經濟增長源泉之一。1966年，施穆克勒首次在《發明與經濟增長》中使用專利統計分析來測度這一技術進步，開啟了創新經濟學的定量研究時代。施穆克勒認為不僅科學技術知識的發展會推動發明活動，市場需求對發明活動也有重要推動作用，因為市場需求會影響發明活動的方向和活躍程度，從而使得創新理論得到拓展[2]。

以美國經濟學家戴維斯和諾斯為代表的制度創新學派，在1970年發表的《制度變革與美國經濟增長：針對制度創新理論的第一步》一文中，提出了制度創新理論。他們認為，制度對經濟增長速度和增長模式是有影響的，制度創

---

[1] 熊彼特. 經濟發展理論 [M]. 鄒建平，譯. 北京：商務印書館，1991：73-74.
[2] Schmookler J. Invention and economic growth [M]. Cambridge MA：Harvard University Press, 1966.

新是指組織形式或經營管理方式的革新①。哈耶克從每個人追求自我利益的過程中引發人們之間相互作用的角度解釋了制度創新及變遷。個人在追求自我利益時進行自我選擇，在這個過程中與他人接觸，在不斷地與其博弈、互動、合作的過程中就會形成共識性的制度。

創新理論逐漸朝著兩個方向發展：一是以技術變革和技術推廣為研究對象的技術創新；二是以制度變革為研究對象的制度創新。前者注重技術創新在經濟增長中的作用，而後者更注重制度創新在經濟增長中的作用，兩者從各自不同的視角分析研究創新對經濟增長的決定作用。儘管側重點不同，但兩者都是針對創新這一核心主題。從本質上講，制度創新與技術創新以及經濟增長之間的關係是交互的，它們存在於相互支持和相互制約的關係網絡之中。在這種關係網絡中，制度創新為技術創新以及經濟增長提供激勵和秩序，技術創新為制度創新提供基礎和工具。

隨著不斷興起的各種技術創新和科技革命，日益明顯且作用突出的普遍創新現象使得經濟學家無法繼續對技術變遷這類問題保持漠視，理論界重新對熊彼特的創新理論給予了關注，由此促進對技術創新理論的系統研究，並由此形成了所謂的「新熊彼特主義」。以曼斯菲爾德、卡曼等人為代表的新熊彼特學派在堅持熊彼特創新理論傳統的基礎上拓寬了創新的研究內容，如創新的起源、過程、方式，認為技術創新和技術進步是經濟發展中的核心力量，將技術創新視為一個由科學、技術和市場三者相互作用的複雜過程，提出了許多著名的技術創新模型，強調創新政策的重要性。

研究創新的學者們長時間內都把創新視為一個線性的過程，認為創新來源相對單一，創新活動只受幾個因素的影響，最主要的因素是技術的推動和市場的拉動。創新源頭與創新發生之間僅為簡單的線性作用關係。把創新看作是從基礎研究到商業應用的單方向的發展過程，認為基礎的科學研究是創新的源泉，向基礎科學的投入會直接推動創新的發展。這種觀念對很多國家的科技政策產生了重要影響，使政府重視基礎科學研究，如美國政府對於基礎科研給予了大力支持，使其在世界上保持了長期的科學技術優勢。但是隨著日本和一些歐洲國家的迅速發展，這些國家的發展模式引起了學者對創新研究的重新思考。實踐證明，創新並不是一個單向的發展過程，創新可能發生在創新鏈條的各個環節並且在各環節還存在著反饋，例如市場需求可以激發基礎研究，產品

---

① Lance Davis, Douglass North. Institutional change and American economic growth: a first step towards a theory of institutional innovation [J]. The Journal of Economic History, 1970, 30 (1): 131-149.

設計、生產流程、教育培訓等都有可能影響創新，與創新相關的機構和人員相互聯繫，共同作用，形成一個複雜的創新網絡。

總的來說，線性創新理論主要有四種觀點，第一種是注重基礎科學的研究和技術研發，認為科技是創新的先導，科學和技術進步的速度、規模和方向決定著技術創新的速度、規模和方向，創新是以基礎科學研究或技術的進展為起點，以市場為終點的直線式創新。第二種與第一種相比，創新鏈條是反向的，認為市場拉動創新，市場需求決定研究方向，科技發展的動力是市場需求，科學技術取得突破性成果的目的也是適應市場需求，在創新過程中，市場需求決定著技術創新的資源配置，從而影響著創新的速度、規模和方向。第三種觀點認為創新是科學、技術和市場之間相互作用的過程。創新鏈條是一個回路。影響創新的要素是多樣的，創新也有多條路徑。第四種觀點認為創新是一個週期，創新過程不是一個職能到另一個職能的遞進過程，而是同時涉及科技研發、製造、行銷等職能的並進過程。

20世紀80年代末90年代初，系統研究方法的興起給創新的研究提供了一種新視角，系統科學把所研究和處理的對象視作一個系統，以系統及其機理為對象，研究系統的結構、功能和演化發展，研究系統、要素、環境三者的相互關係和變動的規律性，並研究如何優化系統。世界上任何事物都可以看成是一個系統，因此系統的理論和研究方法應用於各個研究領域，也影響到了創新研究領域。從系統的視角研究創新逐漸成為一種潮流，創新系統理論成為研究的熱點。創新系統理論是將技術創新的過程研究和制度研究結合在一起的，政策的制定者關注創新的整個過程。在創新系統內，在一定的自然環境、經濟環境、社會環境、文化環境、制度環境下創新相關主體通過創新相關行為要素發生各種聯繫，創新行為既包括科技創新，也包括制度創新和管理創新等，研究重點是創新行為之間的互動協同機制和功能對接方式等。創新系統應著重分析的是創新主體之間的行為。科技創新行為包括從創意、研發、中試、生產到市場推廣的全過程。制度創新既包括企業內部的創新也包括政府的政策創新，制度是科技創新的外在重要影響因素，會影響創新的積極性、效率、效果。管理創新主要指資源配置方式的創新，包括組織架構的創新、管理流程的創新、運作方式的創新和管理手段的創新。

創新系統的形成方式目前有兩種，一種是自發形成，一種是在政府引導下形成。自發形成的創新系統可以用演化經濟學理論的分析方法進行分析：創新主體最初為實現自身的發展目標而進行創新，隨著經濟和社會的發展，基於共同目標的追求，某些創新主體之間會發生合作關係，起初這些合作關係是鬆散

的、不穩定的，隨著合作的推進和不斷加深，合作有可能成為穩定的、長期的聯繫，創新主體之間就通過合作彼此聯結到一起，形成網絡結構，進一步形成了創新系統。

目前的創新系統理論從不同角度對創新系統進行了研究，有從地理空間角度對創新系統進行研究的，也有從技術特性的角度來研究創新系統的。從地理空間的角度進行研究的比較有影響力的是國家創新系統理論和區域創新系統理論。從技術特性的角度研究創新系統的有技術創新系統理論、部門創新系統理論等。

二、國家創新系統

對於國家創新系統概念最先由誰提出是有爭議的，但沒有爭議的是英國著名經濟學家弗里曼（Freeman）對國家創新系統的研究，首先在學術界引起了巨大的影響。1987 年，他出版了《技術和經濟運行：來自日本的經驗》（Technology and Economic Performance: Lessons from Japan）一書，書中探討了日本「技術立國」政策和技術創新機制，指出國家創新系統是國家內部系統組織及其子系統間的相互作用，其對日本經濟高速發展產生了巨大作用[1]。1988 年，弗里曼發表題為《日本：一個新的國家創新系統》的研究成果，他在研究日本的創新時發現日本的成功不僅是技術創新的結果，還是很多制度和組織創新的結果，是一種國家創新系統演變的過程。他認為國家創新系統是一個國家內公共部門和私人部門中各種機構組成的網絡，這些機構的相互作用促進了新技術的開發和組織模式的發展[2]。

著名丹麥經濟學家倫德瓦爾也是最早研究國家創新系統的學者之一，也有人認為他是第一個使用「國家創新系統」概念的學者，1992 年（Lundvall）在《國家創新系統：一種創新和交互性學習的理論》(National System of Innovation: Towards a Theory of Innovation and Interactive Learning) 一書中闡述了國家創新系統理論的構成和運作，對國家創新系統的理論進行構建。他偏重於研究國家創新系統的微觀基礎，通過研究生產者、用戶、金融機構公共部門等微觀主體來研究創新系統。倫德瓦爾認為國家創新系統是在知識的生產、擴散和使用中由各種要素及各種要素的互動構成的系統，最重要的是知識的流動。國家創新系

---

[1] Freeman C. Technology and economic performance: lessons from japan [M]. London: Printer Publishers, 1987.

[2] G·多西. 日本：一個新的國家創新系統 [M]. 鐘學義, 等, 譯. 北京：經濟科學出版社，1992.

統是一個以學習為中心活動的社會系統，同時又是一個動態過程①。

美國學者納爾遜（Nelson）在20世紀80年代開始探索技術創新的國家制度安排，1993年，他在著作《國家創新系統：一個比較研究》中做了很多案例研究，對美國、日本、英國、丹麥、加拿大、巴西等不同類型的多個國家和地區的創新系統進行了研究。該書沒有給國家創新系統下統一的定義，納爾遜指出國家創新系統沒有統一的模式，不同國家由於其自然條件、歷史文化條件、社會發展水準的不同，國家創新系統存在很大差異。納爾遜比較重視制度結構的重要性。

1994年，法國經濟學家帕維蒂（Pavitti）對國家創新系統的功能進行了研究，他認為國家促進技術投資的政策不同，使科技投資的效果不同，會造成國家間技術水準差距的產生和擴大。國家創新系統理論應該能夠指導一個國家更有效地對技術進行投資。帕維蒂由此將國家創新體系的概念定義為構成一個國家科技發展的方向、速度和技術競爭力的一種激勵結構和國家制度，帕維蒂強調激勵的重要性②。

經濟合作與發展組織（Organization for Economic Co-operation and Development，OECD）1994年啟動「國家創新系統研究項目」，對世界上多個國家的創新系統進行調查研究，並發布了一系列的研究報告。1997年，發布的《國家創新系統》研究報告，總結了前一階段國家創新系統的研究成果，嘗試建立能夠反應知識流動的指標，研究機構間的關聯程度、人力資源的流動情況，對產業集群和創新型企業的行為給出了一些政策建議。指出政府的研發政策一般都是為了解決市場失靈問題，實際上還要重視系統失靈問題，政策的重心要放在改進創新系統的網絡結構和提高企業的創新能力方面。

以上學者和機構對國家創新系統的研究成果奠定了國家創新系統理論的基本分析框架，後面的學者都在此基礎上進行更細化的探究。

從20世紀90年代開始，中國的很多學者對國家創新系統也進行了研究，基本是延續國外學者的研究理論框架，和中國的國情結合起來，用來分析中國國家創新系統的構建。1995年，齊建國教授的研究成果《技術創新——國家系統的改革與重組》是中國學者第一次運用國家創新系統理論分析中國的宏觀經濟問題。1996年，加拿大國際發展研究中心與國家科技部合作，出版了

---

① Bent-Ake Lundvall. National system of innovation: towards a theory of innovation and interactive learning [M]. London：Pinter Pub Ltd, 1992.

② Pavitti P K. National innovation system: why they are important, and how they might be measured and compared [J]. Economic of Innovation and New Technology, 1994, 3: 78-91.

《十年改革：中國科技政策》，是第一份系統介紹中國國家創新系統的報告，它為進一步研究中國國家創新系統打下了基礎。1998年，柳卸林的論文《國家創新體系的引入及對中國的意義》，馮之浚1999年著的《國家創新系統的理論與實踐》，李正風和曾國屏1999年著的《中國創新系統研究——技術、制度與知識》，這些論文都是中國較早研究國家創新系統的成果，將創新系統理論引入中國，並將之與中國國情相結合，為中國構建國家創新系統提供了理論指導。1999年，石定寰主編的《國家創新系統：現狀與未來》是技術創新研究叢書之一，是《市場經濟下國家創新系統的建設》課題組的成果，書中收錄了中國創新研究領域的很多專家的一系列文章，內容包括國家創新系統的發展介紹、國家創新系統理論的探討、中國創新系統的建設情況與政策評價、國家創新系統的國際比較，匯集了當時中國國家創新系統研究的成果。2000年，胡志堅等著的《國家創新系統：理論分析與國際比較》介紹了創新理論及其發展脈絡，特別強調了國家創新系統的思想對於指導、提高中國整體創新能力和制定相應政策的意義，同時還比較客觀地分析了中國的整體創新能力和國家創新系統效率方面存在的各種問題，探討了形成這些問題的原因，在此基礎上提出了有關政策建議①。2003年，王春法著的《主要發達國家國家創新體系的歷史演變與發展趨勢》主要圍繞著理論、案例與趨勢三個問題展開分析，探討了國家創新體系的理論沿革及其本質內涵。在案例分析中，分析了美國、英國、法國和日本四個當代世界經濟中最重要的發達經濟國家中國家創新體系的歷史演變及其發展趨勢，對其主要構成部分與相互關係的歷史發展進行了描述和分析。在國家創新體系的發展趨勢方面，報告著重論述了經濟全球化對國家創新體系的影響以及國家創新體系中的專有因素問題②。2006年，中國創新報告課題組發表研究成果《國家整體創新系統問題研究》，在對創新系統基本理論進行研究的基礎上，運用數學模型，結合中國國情，對中國創新系統的現狀、存在的主要問題和創新的基本規律進行了詳細的論述③。2010年，陳潔著的《國家創新體系架構與運行機制研究：芬蘭的啟示與借鑑》，從與創新行為相關的歷史事件入手，總結了芬蘭國家創新體系的發展歷程，著重論述了芬蘭國家創新體系中基礎研發、應用型研發、實用技術研發三大體系的協調運作機

---

① 胡志堅. 國家創新系統：理論分析與國際比較 [M]. 北京：社會科學文獻出版社，2000.
② 王春法. 主要發達國家國家創新體系的歷史演變與發展趨勢 [M]. 北京：經濟科學出版，2003，11.
③ 中國創新報告課題組. 國家整體創新系統問題研究 [M]. 北京：黨建讀物出版社，2006.

制。對上海構建區域創新體系提出了建議①。

中國對國家創新系統的研究基本還是遵循著國外學者的理論研究思路，用來分析中國在建立國家創新系統中的問題，將建設國家創新系統作為建設創新型國家的重要途徑之一，通過分析比較國外典型國家創新系統的案例，總結經驗，予以借鑑，提出中國構建創新系統的對策。

三、區域創新系統

區域創新系統中的「區域」是指國家下屬的區域，區域創新系統可以看作是國家創新系統的子系統，國家創新系統是由各個開放的區域創新系統聯結而成的。區域創新系統與國家創新系統所處的層次不同，功能也不同。區域創新系統致力於提高區域技術創新能力以促進區域經濟增長，促進區域產業結構合理化。國家創新系統是以國家發展為目標，通過為創新活動提供良好的環境，如制度、政策、基礎設施等，協調區域發展，提高國家創新競爭力。區域創新系統的主體是以區域內的企業，即高等院校和科研機構為主，並由創新服務機構和政府機構參與的一個互動的創新網絡，強調網絡內各要素的相互作用關係。

區域創新系統的概念是英國卡迪夫大學的菲利普·庫克（Philip Cooke）教授於1992年正式提出的。在《區域創新系統：新歐洲的競爭規則》（Regional Innovation Systems：Competetive Regulatoin in New Europe）中研究了歐洲的創新系統，進行了大量的實證分析，包括德國、法國及英國的區域創新系統，尤其是說明了系統中規則的重要作用②。庫克關於區域創新系統的研究一直在進行，有很多研究成果，對區域創新系統中的企業、政策、創新管理等很多問題進行了深入的研究，還做了很多實證分析。後來，他在其1996年主編的《區域創新系統：全球化背景下區域政府管理的職能》一書中，對區域創新系統的概念進行了較為詳細的闡述，他認為區域創新系統是在一定地理範圍內的，由相互分工與關聯的生產企業、研究機構和高等教育機構等構成的區域性組織體系③。在後來的研究成果中，庫克還對於區域創新網絡中制度的重要

---

① 陳潔. 國家創新體系架構與運行機制研究：芬蘭的啟示與借鑑 [M]. 上海：上海交通大學出版社，2010.

② Philip Cooke. Regional innovation systems：competitive regulation in the New Europe [J]. Geoforum，1992，(23)：365-382.

③ Philip Cooke. Regional innovation systems：the role of governance in a globalized world [M]. London：UCL Press，1996.

性做了很多研究，認為區域創新系統是機構組織網絡和制度安排的集合。

瑞典倫德大學的學者阿希姆（Asheim）、艾薩克森（Isaksen）於1997年結合產業集群理論對區域創新系統進行研究，認為區域創新系統包括區域內主導產業集群的企業、企業支撐的產業、制度基礎結構，企業及相關組織的創新合作與制度安排對區域創新系統的形成十分重要①。

1995年，挪威學者魏格（Wiig）認為，廣義的區域創新系統應包括生產和供應創新產品的企業群、教育機構、政府機構、創新服務機構②。

1998年，奧提歐（Autio）認為，區域創新系統是由相互作用的子系統構成的，這些子系統的互動推動了區域創新系統演化的知識流。他認為區域創新系統主要由知識開發和應用子系統、知識生產和擴散子系統構成，這是嵌入同一地區的社會經濟和文化環境的兩個子系統，分別負責新知識的產生和應用、生產和商業化。知識生產和擴散子系統主要由技術仲介、勞動仲介、公共研究機構和教育機構組成。知識開發和應用子系統主要由主導產業的中小企業、競爭者、客戶和合作夥伴構成，主導產業中的企業通過垂直網絡和水準網絡同子系統中的其他行為主體相互作用。這兩個子系統的相互作用推動了區域內知識、資源和人力資本的流動，區域創新系統又受到國家創新系統組織、國家創新系統政策機構、其他區域創新系統、國際組織和國際政策機構等外部環境的影響，內外部的共同作用促進了區域內創新活動的發生③。

道勞何（Doloreux）在2002年的研究中認為，區域創新系統不僅包括組織間的密切關係，這些組織相當於「知識基礎設施」，還要從政體的角度來理解區域，通過治理來促進和支持這些組織的關係以促進創新④。

20世紀90年代末，中國的學者也開始了對區域創新系統的研究，如馮之浚、胡志堅、黃魯成、蓋文啓、王緝慈、顧堅等學者都在中國區域創新系統的研究上取得了一定成果。馮之浚（1999）認為區域創新系統的構成要素主要包括某一地域範圍內的企業、地方政府、高等院校和研究機構、仲介服務機構

---

① Asheim B, Isaksen A. Localization, agglomeration and innovation: towards regional innovation systems in norway [J]. European Planning Studies, 1997, 5 (3): 299-330.
② Wiig H, Wood M. What comprises a regional innovation system? An empirical study [R]. Sweden: Regional Association Conference, 1995.
③ Autio E. Evaluation of RTD in regional systems of innovation [J]. European Planning Studies, 1998, 6 (2): 131-140.
④ Doloreux D. What we should know about regional systems of innovation [J]. Technology in Society, 2002, 24 (3): 243-263.

等①。胡志堅、蘇靖（1999）從區域創新系統演化的角度出發，提出市場經濟體制下的科技資源、不斷發展壯大的企業、政府的新興經濟政策和相關法律法規是構成區域創新系統三大實體要素②。黃魯成（2000）將區域經濟理論與技術創新理論相結合，提出了區域創新系統的概念、特徵、功能和目標。探討了區域創新系統研究的主要內容③。王緝慈（2001）認為，區域創新系統是指區域網絡各個結點（企業、大學、研究機構、政府等）在協同作用中結網而創新，並融入區域的創新環境中而組成的系統，即區域創新系統是區域創新網絡與區域創新環境有效疊加而成的系統，具有開放性、本地化、動態性和系統性等特點④。蓋文啓（2002）提出區域經濟的發展更多地是依賴於區域環境的建設，特別是區域內不斷創新的軟環境已成為區域發展獲得競爭優勢的關鍵。系統地闡述了區域創新環境的含義及框架內容構成，並結合現實指出了中國高新技術產業區發展過程中需營造區域創新環境⑤。柳卸林（2006）認為，區域創新體系是一個區域經濟體系內促進創新的制度組織網絡，其中的區域可以是一個省，也可以是一個省內的行政區域或跨省市的區域。區域創新體系由主體要素（包括區域內的企業、大學、科研機構、仲介服務機構和地方政府）、功能要素（包括區域內的制度創新、技術創新、管理創新和服務創新）、環境要素（包括體制、機制、政府或法制調控、基礎設施建設和保障條件等）三個部分構成，具有輸出技術知識、物質產品和效益三種功能⑥。陳德寧、沈玉芳（2004）將理論界近年來有關區域創新系統理論的討論情況從區域創新系統理論的基本概念、區域創新系統運行機制和模式、區域創新環境、政府與仲介機構的作用四個方面做了較詳細的綜述，認為區域創新系統是由在某一特定區域內履行創新和擴散職能的企業、大學及研究機構、仲介服務機構以及政府組成的創新網絡⑦。陳柳欽（2005）則指出區域創新系統主要包括主體要素、功能要素、環境要素三大基本構成要素。產業集群是區域創新體系的重要載體，是區域競爭力的重要標志。集群創導是構建區域創新體系的可行路徑⑧。除了對傳統行政區域的創新系統進行研究外，隨著中國城市群發展得到重視，跨行政

---

① 馮之俊. 國家創新系統的理論與政策 [M]. 北京：經濟科學出版社，1999.
② 胡志堅，蘇靖. 區域創新系統理論的提出與發展 [J]. 中國科技論壇，1999 (6).
③ 黃魯成. 關於區域創新系統研究內容的探討 [J]. 科研管理，2000 (2).
④ 王緝慈，等. 創新的空間——企業集群與區域發展 [M]. 北京：北京大學出版社，2001.
⑤ 蓋文啓. 論區域經濟發展與區域創新環境 [J]. 學術研究，2002 (1).
⑥ 柳卸林. 構建區域創新體系新思維 [J]. 人民論壇，2006 (2).
⑦ 陳德寧，沈玉芳. 區域創新系統理論研究綜述 [J]. 生產力研究，2004 (4).
⑧ 陳柳欽. 以產業集群引導區域創新體系向縱深發展 [J]. 經濟前沿，2005 (9).

區域的較廣義的區域創新系統的研究也逐漸增多。趙樹寬等（2010）分析了跨行政區域創新系統的運行與發展，剖析了基於產業集群的創新過程；探討了東北地區跨行政區域創新系統的路徑和基於產業集群的東北跨行政區域的創新系統的構建①。呂國輝（2008）基於對長三角區域創新的現狀、問題、原因以及模式的分析，提出提升長三角區域創新能力的對策建議，展望長三角區域創新系統的未來發展趨勢②。熊小剛（2014）探討了「中三角」跨區域創新系統協同發展的必要性，提出了促進「中三角」跨區域創新系統協同發展的建議③。隨著京津冀協同發展成為重大國家戰略，近兩年關於京津冀地區科技協同發展的研究開始增多。李國平（2014）分析了京津冀地區科技創新一體化面臨的困難，提出了發展政策④。趙江敏（2015）運用區域創新系統理論對京津冀一體化進行研究，提出了構建京津冀一體化區域創新系統的主要路徑⑤。張兵（2016）從優化首都功能的視角對京津冀協同發展與國家空間治理的戰略性進行思考⑥。

總之，國內外的學者對區域創新系統有了廣泛的研究，從其內涵、結構、模式、案例、影響因素、效率評價等不同角度進行了理論的探索。

四、跨國的泛區域創新系統

隨著經濟全球化和區域經濟一體化發展趨勢的增強，國際科技合作增多，在經濟和科技發展的過程中，地理和交通因素逐漸被淡化，有些相鄰區域的國家之間的科技合作已經成為一種常態化，探求如何能夠有效地開展國際科技合作成為一種需要。在一些特定的區域，正在出現著跨國的泛區域創新系統雛形，同時也有一些學者進行了相關的理論探索。

1996年，丹麥奧爾堡大學的格雷格森（Birgitte Gregersen）和約翰森（Björn Johnson）發表文章《知識經濟：創新系統和歐洲一體化》（Learning E-

---

① 趙樹寬，劉戰禮，陳丹.基於產業集群的東北跨行政區域創新系統構建研究［J］.科學學與科學技術管理，2010，31（2）：118-123.
② 呂國輝.長江三角洲區域創新系統研究［D］.上海：華東師範大學，2008.
③ 熊小剛.「中三角」跨區域創新系統的協同發展研究［J］.中國科技論壇，2014（4）：39-44.
④ 李國平.京津冀地區科技創新一體化發展政策研究［J］.經濟與管理，2014（11）：13-18.
⑤ 趙江敏，劉海嬌.京津冀一體化區域創新系統的構建研究［J］.經營管理者，2015（1）：192-193.
⑥ 張兵.京津冀協同發展與國家空間治理的戰略性思考［J］.城市規劃學刊，2016（4）：15-21.

conomies, Innovation Systems and European Integration），用知識經濟作為一個分析框架，討論歐洲一體化進程是如何影響國家創新系統的，認為在不久的將來會部分形成狹義的歐洲創新系統。1997年3月，以約翰森（Björn Johrson）為領導的研究小組向歐盟委員會遞交了《歐洲一體化和國家創新系統的研究報告》，主要研究歐洲的一體化對歐洲的國家創新系統的影響程度、影響領域以及影響方式，探求隨著歐洲一體化發展的推進，歐洲創新系統可能的發展情況，這可以看作歐洲跨國的泛區域創新系統研究的嘗試。

2010年，瑞典學者米歇爾（Michaela Trippl）在文章《發展跨界區域創新體系：關鍵因素和挑戰》中探討了是否可以將區域創新系統的理論方法運用在跨界區域創新系統上，研究了跨界創新系統構建的關鍵條件[①]。

2013年，荷蘭學者布洛克（Broke）和斯穆爾德（Smulders）在《跨界區域創新體系的演變：從制度的角度分析》的文章中對於跨界區域創新體系的發展進行了調查研究，提出在經濟結構、社會經濟制度和創新能力上具有互補性的相鄰區域具有開展跨界合作的動力，但是國界是一種阻礙，不僅是政治上的國界，而且社會的和意識上的差異也阻礙了跨界合作網絡的形成，這就需要建立跨界制度。改變制度差異是發展跨界創新系統的重要前提，需要政府針對跨界創新系統的構建採取行動。

2001年，由李正風和曾國屏主編的《走向跨國創新系統——創新系統理論與歐盟的實踐》是中國國內對歐盟層面創新系統研究的一個嘗試，通過分析創新系統理論與歐盟實踐之間的關係，揭示歐盟創新系統研究的意義及其問題；介紹歐盟建設創新系統的法規性文件和研究報告；展示歐洲學者對創新系統理論與歐盟創新系統建設的一些研究[②]。

跨越國界的泛區域創新系統是一個包括多國國家創新系統的大系統，構成複雜、研究難度大，目前理論界對其相關的研究較少，相信歐盟目前開展的相關實踐活動可以促進理論的發展。

---

① Trippl M. Developing cross-border regional innovation systems: key factors and challenges [J]. Tijdschrift Voor Economische en Sociale Geografie, 2010, 101 (2): 150-160.
② 李正風，曾國屏. 走向跨國創新系統 [M]. 濟南：山東教育出版社，2001.

第三節　泛區域創新系統理論框架

一、泛區域創新系統的概念

創新系統從地理空間的角度一般可以劃分為國家內的區域創新系統、國家創新系統、跨國的泛區域創新系統。跨國的泛區域創新系統是一個超越國界的系統，包括各成員國的創新系統，相應地將國家創新系統內的各區域的創新系統包容進來。

泛區域創新系統是系統內創新相關主體相互作用形成的跨國網絡結構和多層次制度安排的總和。創新相關主體包括企業、科研機構、高等院校、政府和創新服務機構，不同國家界限內的不同機構相互作用。創新系統中的制度包括超國家、國家和地區三個層次。

泛區域創新系統將各成員國的創新系統協調整合，既使各子系統保持各自的特色，又使各子系統優勢互補、協調發展，實現規模效益，將國家創新系統發展產生的正的外部經濟效益內部化，提升泛區域創新系統的整體創新能力。

二、泛區域創新系統的構成

泛區域創新系統與其他創新系統一樣，是與創新相關的主體構成的網狀結構和制度安排的總和。只是它的網狀結構跨越國界，系統的制度環境也是由多層次制度共同構成。因此，構成泛區域創新系統的主體門類同其他類型的創新系統是一樣的，同樣包括企業、科研機構、高等院校、政府和創新服務機構，但這些機構所屬的國家是不一樣的。由於各國的法律、制度、文化、經濟發展水準等方面的不同，泛區域創新系統內的機構之間的互動關係更複雜，不光要從橫向上處理好系統內與創新相關的各主體之間的關係，還要從縱向上有效協調總系統與各子系統以及子子系統之間的關係，如圖1-2。在泛區域創新系統內，不同國家以及不同國家內部的不同機構互相作用，通過共同利益的引導將這些複雜的關係納入一個大的泛區域系統中，致力於提高整個泛區域的創新能力。每一個系統都是開放的，不僅子系統內的企業、研究機構、高校、創新服務機構互相聯繫，而且與其他子系統內的各類機構也相互關聯，知識在泛區域創新系統內的流動促使各主體聯繫在一起，形成複雜的網狀結構。

在泛區域創新系統中，制度有不同的層次，分別是超國家層次的制度、國家層次的制度和區域層次的制度，不同層次的制度交織在一起，不同層次的制

度相互影響，構成泛區域創新系統的制度環境，影響著系統內的每一個主體。泛區域創新系統需要構建一個超國家的機構，主要起協調作用，引導各成員國的創新政策協調一致，避免重複建設和惡意競爭。在統一政策的引導下，各成員國和各區域根據自己的需要和特點設計自己的創新制度和政策，但要保證各自的政策與泛區域統一的創新政策不衝突。

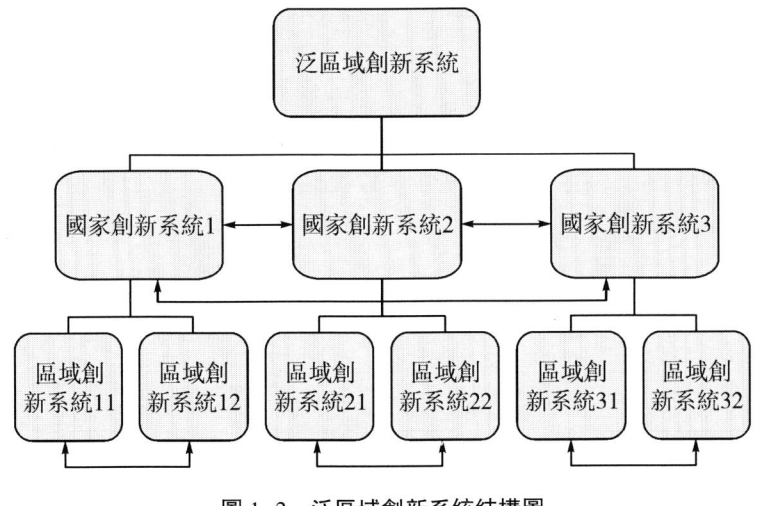

圖 1-2　泛區域創新系統結構圖

三、泛區域創新系統的特徵

（一）複雜的跨國界網狀結構

泛區域創新系統中，不同國家的創新相關機構在系統內互相作用，建立有效的合作機制，提高知識創造、流動和轉化的效率，最終提高整個泛區域的創新能力。

泛區域創新系統由各個成員國的國家創新系統構成又受其影響，各國家創新系統之間在泛區域創新系統的協調下發生相互作用，這種相互作用也反應在各國區域創新系統之間的互動聯繫上。泛區域創新系統所包含的每一個子系統都是開放的，不僅子系統內的企業、研究機構、高校、創新服務機構等互相聯繫，而且與其他子系統內的各機構也相互作用，創新相關主體在國界內或跨越國界互動形成錯綜複雜的網狀結構，多個子創新系統的網狀結構在縱向和橫向上相互交織，互相作用。系統越大，關係越複雜，所以泛區域創新系統不僅要處理好系統內部各主體之間的關係，還要從縱向上有效協調總系統與各子系統以及子子系統之間的關係，如圖1-2。

(二) 多層次的制度協調

制度安排是創新系統中的重要組成部分，泛區域創新系統包含成員國的國家創新系統及成員國的區域創新系統，因此涉及不同層次的制度，有超國家層次的制度、國家層次的制度和區域層次的制度。在泛區域創新系統中，不同層次的制度相互影響和作用，構成泛區域創新系統的制度環境。

由於不同層次主體面對的問題和追求的利益是不同的，這種分歧可能會導致科技創新制度的制定偏重於自身利益而未考慮泛區域的整體和長遠利益，往往會引發國家和區域圍繞關鍵資源展開激烈的惡性競爭。因此泛區域創新系統中不同層次制度的協調非常重要，需要超國家機構的協調，解決泛區域創新系統內各層次主體創新制度分割的問題，引導各成員國的創新政策協調一致，避免重複建設和惡性競爭。

泛區域創新系統內各層次制度的側重點不同，超國家層次的創新制度主要是起整合和引導的作用，進行宏觀戰略決策，並從整體上對系統的建設和運行進行監督。國家創新制度的重點在於對國內各創新行為主體進行激勵，如利用稅收政策和金融政策鼓勵公共和私營部門增加研發與創新投入，通過協調各創新行為主體促進知識傳播和技術擴散，優化和調整創新資金的配置，為區域的創新政策制定提供指導，防止其短期化行為等。區域創新制度的重點是根據區域特色和發展潛力制定區域創新政策，促進區域創新系統的主體間的聯繫，發展區域合作。

多層次制度結構要求在制定泛區域整體戰略時要注意關注較低層級的利益，需要各層級制度在長期發展上的協調。

(三) 知識的跨國自由流動

知識是創新系統的關鍵要素，創新系統的構建就是為實現知識在系統內的自由創造、傳播、流動和轉化。創新能力的提高取決於知識的有效流動，知識在系統內各主體構成的網狀結構中沿各個結點流動，將各主體聯繫起來，使各主體之間互相反饋。創新系統的順利運作取決於知識的流動度和流動效果，因此對創新系統的評價也主要圍繞知識的流動情況展開。知識分為編碼化知識和意會知識，編碼化知識是那些能夠以語言和圖形的形式進行形式化處理的傳統知識和現代知識，而意會知識主要包括技能知識和人力知識。知識流動的途徑主要包括：企業間的聯合研究和技術協作；企業和高校或研究機構之間的共同研發和協作；高校和研究機構之間的研發協作；各主體間人員的交流（包括人員在各部門之間的工作流動和各種形式的交流活動）；知識通過產品進行擴散，如技術和機器設備的採用、研究成果的發表。泛區域創新系統中知識要跨

國流動，就涉及研究數據和研究成果在成員國間的開放和共享，也涉及人員的跨國流動和技術的跨國傳播，還涉及各創新主體之間的跨國合作。只有克服了阻礙知識在系統內自由流動的障礙，實現知識的跨國自由流動，泛區域創新系統才能夠有效運轉。

四、歐洲研究區的本質是一個泛區域創新系統

歐洲研究區以促進歐盟經濟發展、提高歐盟競爭力、增加就業為共同利益將各成員國的創新系統整合在一起，致力於建立區內各創新相關主體有效合作的機制，使知識和創新成果在研究區內自由流通。歐洲研究區具備泛區域創新系統的特徵，因此歐洲研究區的本質是一種泛區域創新系統。

（一）歐洲研究區是一個跨國創新網絡

歐洲研究區五大優先發展領域之一就是發展更有效的成員國研究系統，在歐盟 2014 年發布的《歐洲研究區發展報告 2014》中，歐盟指出目前歐洲研究區繼續推進的重點就是各成員國在與歐洲研究區發展框架保持一致的原則下改革本國的創新系統，因此歐洲研究區就是歐盟成員國創新系統的有效整合。歐洲研究區致力於建立區內各創新主體的有效合作機制，其五大優先發展領域的第二項就是優化跨國合作和競爭，使成員國的國家創新系統經過整合後的整體創新能力大於部分之和。因此歐洲研究區是一個創新相關主體在跨國範圍內相互聯繫和作用的網絡結構，歐洲研究區是一個規模比較大的泛區域創新系統，包括 28 個成員國和聯繫國（Associated Countries）及地區的創新系統。要在這個複雜的系統內實現各主體的縱向協調和橫向協調。縱向協調指超國家的組織機構、成員國、成員國地區之間的協調，橫向協調指政府、企業、研究機構、高等教育機構、創新服務機構之間的協調。

（二）歐洲研究區致力於不同層次制度的協調

歐洲研究區的治理主要涉及歐盟、成員國及其區域。對歐洲研究區影響最大的就是科技創新制度，不同層級的制度制定考慮的是不同層面的利益，區域科技創新制度考慮的是區域競爭力的提升；國家的科技創新制度考慮的是一個國家的經濟增長及創新能力的提高；歐盟的制度要考慮歐盟整體，著眼於整合歐盟資源並提高歐盟整體創新競爭力。歐盟協調各層級制度的職責尤為重要。各層級的利益著眼點不同，歐盟就要從總體上協調資源的配置，既不能影響成員國的參與積極性，又要使資源實現最有效的配置，如資金資助的方式就要在效率和公平上找到平衡。如果沒有歐盟的整體規劃，成員國及地區制定的制度肯定會缺乏全局性，出現歐盟各成員國和地區爭奪與研究和創新有關的關鍵資

源,如研究人員、研究設施,並為知識的流動製造壁壘。

歐洲研究區要解決的核心問題是科研和創新問題,但是還涉及產業、財稅、金融、教育、社會保障、移民等其他領域的制度。歐盟的 28 個成員國存在很大差異性,各層次制度的側重點也不同,歐盟的超國家層次的制度就要起到引導和示範的作用,要協調成員國的制度尤其是要使科技創新政策趨於一致化,並對成員國的執行情況進行監督。各成員國要改革本國的制度,加強跨國競爭和合作,激勵創新,協調好和地方政府的關係,為區域創新系統的完善提供指導。區域制度的制定要考慮本區域的創新資源和地區特色,在保持專業化的基礎上接受國家和歐盟的指導。

(三) 歐洲研究區以知識為核心要素

在創新系統中,知識是最核心的要素,創新能力的提高取決於知識的創造及轉化能力。歐洲研究區致力於形成一個有利於知識、研究者和技術自由流動的區域,從而達到加強合作、鼓勵競爭和實現資源更好配置的目的。研究者和技術的實質是知識的載體,因此知識、研究者和技術的流動本質上都是知識在研究區的自由流通。歐洲研究區的五大優先發展措施之一就是優化知識的流通、轉化和獲取,歐洲研究區的其他優先發展領域最終實現的也是增加知識的生產,推動知識的流動和轉化。如優化成員國的國家研究系統是要在成員國內實現知識的有效流通和轉化,在此基礎上加強跨國合作能實現知識的跨國流通,清除妨礙科研人員流動的障礙,優化科學知識的流通、獲取和轉化最終都是為了清除知識在歐洲研究區中的流通障礙。因此知識是歐洲研究區中的核心要素。

歐洲研究區符合泛區域創新系統的三大特徵,即複雜的跨國創新網絡結構、多層次的制度安排,以知識的跨界流動為核心。歐洲研究區的本質是一個泛區域創新系統,在創新系統中,建立各主體間的有效合作機制以及優化系統的制度安排是治理的核心,因此歐洲研究區的建設主要也是圍繞各層級主體關係的協調及各層級創新相關制度的整合。

第二章　歐盟建設歐洲研究區的由來及目標

第一節　歐洲研究區建設的背景

在知識經濟時代，創新競爭力成為反應一國經濟發展潛力的最重要指標之一，歐盟要使創新競爭力在國際上保持領先地位就需要探索一種有效的途徑來協調並整合歐洲的創新資源，同時這也是歐洲一體化發展進程中推進歐洲科技和創新一體化的必然要求。隨著創新系統理論研究的廣泛開展，歐盟在創新系統理論的指導下建立歐洲的泛區域創新系統是一種提升歐盟整體創新競爭力的可行途徑。歐盟各國已經具備了多年科技合作的基礎，而且合作正進一步廣泛和深化。在上述條件具備的前提下，歐盟提出在原有歐洲各國科技合作的基礎上建設統一的歐洲研究區，這一提議在歐盟各國達成共識。

一、知識經濟時代提升歐盟創新競爭力的需要

進入 21 世紀後，知識經濟時代到來，創新競爭力對於一個國家經濟發展的重要性取得了世界各國的共識。然而在這種背景下，歐盟在科研對經濟的貢獻率、研發投入占國內生產總值的比重、高技術產品的對外貿易、研究人員在勞動力中的比重、對科研人才的吸引力方面都表現得不盡人意，而且一些指標反應出歐盟在創新能力方面與美國和日本的差距日益擴大，如圖 2-1。

研發是創新的最主要源泉，研發投入占國內生產總值的比重反應一國對創新的重視程度。如圖 2-1，歐盟研發投入與美國和日本的巨大差距勢必會影響歐盟創新競爭力的提高。歐盟對自身的科技創新狀況十分憂慮，歐盟認識到，如果不改變這種態勢，那麼歐盟的經濟發展前景將堪憂，還會進一步影響歐盟

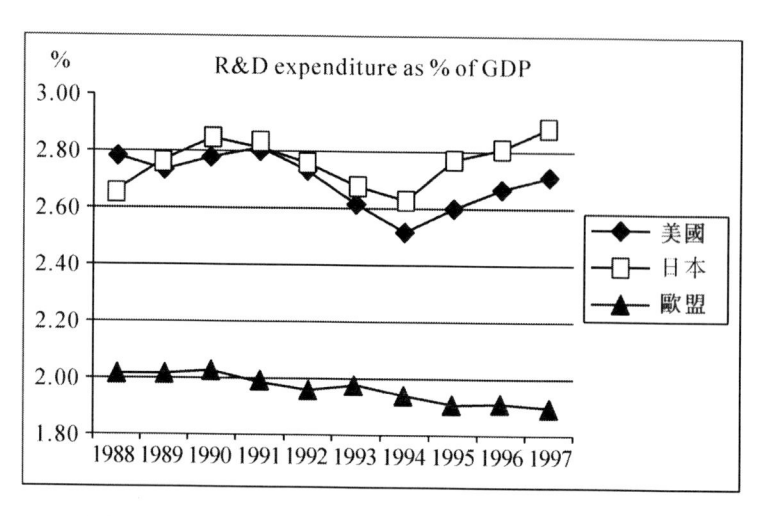

图 2-1　美、日、欧盟研发投入占国内生产总值的比重图
图片来源：欧盟文件 COM（2000）6。

的世界地位。欧盟各国还面临着经济增长乏力、气候变化、失业率高、人口老龄化、能源安全等社会挑战，这些社会问题是欧盟各国面临的共同问题，而且靠一国之力很难应对。因此欧盟迫切需要找到一条有效的途径将各成员国现有的科技创新资源进行整合，共享资源，以集体之力解决欧盟面临的社会挑战，缩小与主要竞争对手的差距，提高欧盟的创新竞争力。

二、创新系统理论的发展为欧盟提供了一种发展思路

从 20 世纪 80 至 90 年代开始，创新系统理论蓬勃发展，世界各国和地区纷纷将构建国家和地区创新系统作为提升自身创新能力的有效途径。欧洲的一些国家尤其是北欧国家，如芬兰、瑞典等国，在构建国家创新系统上取得了很好的成效，这些国家将创新系统理论很好地运用在了实践中，使创新能力大幅提升，成为公认的世界创新强国。欧盟也开始尝试用现有的创新理系统论指导欧盟提升其创新能力，但欧盟作为一个跨国组织，其创新系统的构建比国家创新系统和区域创新系统更为复杂。为研究是否能将创新系统理论及方法运用于构建欧洲跨国创新系统，欧盟 1996 年发起了一个「创新系统与欧洲一体化」的研究计划，结果认为创新系统是具有层次性的，创新系统可能「超国家」，这就为欧盟整合研究与创新资源，推进欧盟科技创新一体化提供了一种思路，也为欧盟建设欧洲研究区，发展欧盟的泛区域创新系统奠定了一定的理论基础。

三、歐洲科技創新一體化發展的需要

歐洲一體化進程影響著歐洲的經濟、政治和社會發展，同樣也影響著每一個成員國的創新行為。歐洲一體化進程是一個歐洲各國在制度上相互學習、改變和趨同的過程，在一體化推進的過程中，經濟貨幣聯盟、結構基金、統一市場、共同勞動力市場政策及歐盟的各種條約等會從制度方面影響到歐盟各國創新系統的發展並促進歐盟各國的創新合作。隨著一體化的深入，歐盟成員國之間的科技交流和合作越來越多，歐盟層面的創新活動越來越多，客觀上需要歐盟層次的研究與創新政策的發展，歐盟各國需要越來越完善的研究與創新合作機制，需要推進歐洲科技創新一體化進程，因此歐洲研究區的出現是歐洲一體化發展到一定階段的客觀產物。目前，歐洲各國面對內外部的經濟發展壓力，歐盟提出的整合全歐盟的創新力量提高歐盟創新競爭力以促進經濟發展和就業比較容易被成員國接受和認可，歐洲研究區會使歐盟各國的研究與創新更有效率，促進歐盟的高等院校、研究團隊和研究者開展良性競爭與合作。歐洲研究區的建設反過來會進一步推進歐盟各國研究與創新的一體化。

四、歐盟各國具備一定的研究與創新合作基礎

歐洲各國的科技合作可以追溯到 20 世紀 50 年代，1951 年，聯邦德國、義大利、法國、荷蘭、比利時、盧森堡六個國家建立了具有超國家性質的「歐洲煤鋼共同體」（European Coal and Steel Community）。這六個國家又於 1955 年建立了「歐洲經濟共同體」（European Economic Community）和「歐洲原子能共同體」（European Atomic Energy Community）。在這個時期，共同體層面最重要的科學合作領域就是核工業。

1958 年，根據建立歐洲原子能共同體的《羅馬條約》成立了「歐洲共同體聯合研究中心」，於 1960—1961 年正式開始工作。該中心成立初期，專門從事核研究。1971 年，聯合研究中心（Joint Research Center，簡稱 JRC）進行了重組，具備了行政自由權，中心的研究範圍也從原來唯一的核能研究擴展到非核研究領域。

1971 年，歐共體舉行了部長會議，決定開展「歐洲科學技術合作計劃」（European Cooperation in the Field of Science and Technology，簡稱 COST），目標是通過一種靈活安排的機制來協調各參與國的研究機構的活動以增強整個歐洲的科技能力，由專門的協調委員會負責管理。該合作計劃沒有集中的資助和具體、統一的研究政策，各國可以自由地選擇參與的行動。新的行動必須由至少

來自 5 個不同成員國的研究團隊自下而上地（Bottom-up）向協調委員會申請，其項目是由研究人員建議提出的，協作條款由有關各方交換備忘錄確定，並得到 COST 的批准。COST 規定，一旦新的研究合作項目被協調委員會批准執行，由研究團隊所在的國家提供必需的資助，COST 並不為項目提供經費，但是會對諸如會議、短期交流和出版物這類聯合活動提供經費支持。這種做法的目的顯然是希望通過鼓勵跨境合作來減少研究活動的分散化。

20 世紀 80 年代，新的技術革命引發了激烈的國際競爭，西歐感到自己與美國和日本在科技領域的差距在加大，西歐各國認識到要加強科研合作共同迎接挑戰。在這種背景下，「研究與技術開發框架計劃」（Framework Programme for Research and Technological Development，簡稱 FP）出抬，簡稱「框架計劃」，自 1984 年開始實施，是由歐盟的成員國及協議國共同參與的重大科技計劃，具有研究水準高、涉及領域廣、投資力度大、參與國家多等特點，涉及範圍廣泛，目標明確，基本上由業界主導但管理集中，確立了一系列的優先發展的目標。「框架計劃」的參與者包括了來自歐洲各國的大、中、小型企業、高校和研究中心等各類機構。「框架計劃」為各機構的互動交流創造了一個很好的平臺，對創新形成了很好的支持作用。

1985 年，在德國漢諾威發起了「尤里卡計劃」（European Research Coordination Agency，簡稱 EURECA），又被稱作「歐洲聯合振興計劃」，旨在加強企業和研究機構在前沿科學領域內開展聯合研究與開發，目標是提高歐洲企業的競爭能力及開拓國際市場的能力。「尤里卡計劃」的研究項目由企業和科研單位自下而上地提出，由基層的參與機構自由選題並確立其合作夥伴、合作範圍及合作方式。企業和科研機構緊密地結合在一起，每個研究項目必須有兩個以上不同國別的企業參加，來自國家基金的資金最多不得超過總資金的 50%，其餘由企業界提供。「尤里卡計劃」通過建立一個技術合作發展的協調機構，鼓勵和協助企業和研究機構之間開展跨國合作，把各國的技術資源組織起來，推動與經濟發展密切相關的高技術的研究與開發，支持各國企業、研究機構和高等院校開展以市場為導向的研究和創新項目。該計劃期望聯合制定工業標準，從而能夠以諸如相互承認檢驗程序和證書的方式取消貿易方面的技術障礙，並最終開放公共採購系統。

第二節　歐洲研究區的目標

歐盟在基礎研究方面一直是有傳統優勢的，創新能力的低下主要是由於市

場轉化能力比較弱。歐盟期望通過歐洲研究區的建設解決研究與創新的市場失靈和系統失靈問題，將歐盟各國的研究與創新力量有效整合，發揮整體優勢，使歐盟的創新能力能夠得到有效提升，最終促進歐盟的經濟增長和就業。

一、解決創新的市場失靈問題以提高歐盟的整體創新能力

創新活動中的市場失靈主要表現在市場機制不能對科技創新活動給予足夠支持而導致創新績效低下。市場失靈主要表現為：創新投入不足造成的投入失靈；創新主體創新能力不足導致的能力失靈；市場需求方和供給方信息不對稱導致的信息失靈。歐洲研究區期望解決創新的市場失靈問題以提高歐盟的整體創新能力。

（一）增加創新投入從而解決投入失靈

由於創新具有準公共物品的特性，如果僅靠市場機制調節，會造成創新投入的不足，導致投入失靈。尤其是創新鏈條起始的科學研究階段，由於投入高、風險高、收益不確定，私營機構往往不願意投入。還有一些重大科研項目由於投入過大，單靠某個企業、某個研究機構甚至某個國家都很難承擔，比如解決能源危機問題、氣候變暖問題等。而那些旨在解決歐盟成員國共同面對的重大社會問題的研究項目，對歐盟各國都具有十分重要的意義，歐盟希望通過歐洲研究區的建設能在統一的研究區域內整合各成員國的資源，通過增加公共和私人部門的共同投入解決創新投入不足的問題。

（二）整合創新力量解決能力失靈

如果僅靠市場來調節，競爭將成為各經濟體的主要目標，只會加劇歐盟成員國之間對創新資源的爭奪，在成員國間很難形成廣泛而深入的合作。大部分歐盟成員國的規模都比較小，歐盟要想成為在世界上具有強大創新競爭力的重要一極，單靠任何一個成員國的力量都是無法做到的，要想解決一些重大的社會問題也需要歐盟作為一個整體來共同面對挑戰。歐洲研究區希望能夠將鬆散的歐洲研究力量整合在一起，將各成員國的創新系統有效整合以實現優勢互補，加強公私合作、產學研合作，通過有效的合作機制解決歐盟創新能力不足的問題。

（三）鼓勵需求為導向的創新解決信息失靈

新產品和新服務得到市場的認可才意味著創新的實現，但創新的成果能否被市場所接受面臨著不確定性。由於市場存在信息失靈的問題，一個新的產品進入到市場往往有一個被接受的過程，傳統市場的壟斷會對新的創新產品進入市場造成阻礙。歐洲研究區崇尚以需求為導向的創新，將產學研機構緊密結合

在一起，通過自下而上的方式進行科研項目平臺的建設，開展聯合技術行動、科學研究項目的選擇，充分參考對市場較熟悉的企業的意見，並通過政府公共採購等方式為創新產品進入市場掃清障礙。

二、解決系統失靈問題以提升歐洲研究區的創新競爭力

創新系統的系統失靈主要表現在由於系統中各要素未能有效互動導致系統功效不能充分發揮。具體表現為系統中關鍵組織的缺失或能力不足導致的組織失靈、系統內部制度的缺失導致的制度失靈、系統內各機構間缺乏互動導致的互動機制失靈、系統內公共基礎設施和科技基礎設施的缺乏導致的設施失靈。歐洲研究區就是要克服歐盟各成員國創新系統的系統失靈問題，建設一個有效運行的泛區域創新系統，充分發揮其系統優勢以提高其整體創新競爭力。

（一）提高創新機構的創新能力，解決組織失靈問題

創新系統是一個創新相關機構互動的結構，每一種組織類型不可或缺。政府組織不力會導致創新系統的制度環境惡化，企業創新能力不足會影響創新產品的市場應用，研究機構、高等院校發展的缺失會導致基礎研究的缺乏，創新服務機構的缺失會影響創新的效率。創新系統中某一類型的組織缺失或者能力太弱都會影響知識在系統內的有效傳播和擴散，影響整個系統功能的發揮。歐盟期望通過歐洲研究區的建設加強各類組織機構的協作，加強學習與交流，使各類主體的能力得到一致提高。

在泛區域創新系統中還涉及地區發展平衡問題，如果不同地區的創新機構創新能力差別很大會導致整個系統無法協調運轉。歐盟東擴以來，歐盟地區之間的創新能力差異比較大，欠發達地區的創新機構能力較弱，影響知識的全面自由流動，歐洲研究區希望能解決系統內地區發展不平衡的問題，完善欠發達地區的機構建設並提高其創新能力。

（二）加強制度的建設及協調發展，解決制度失靈問題

制度包括正式制度和非正式制度。正式制度主要包括法律、法規、政策和監管。非正式制度包括文化和價值觀。制度安排是創新系統的重要構成部分，制度環境對創新系統的運行有重要影響。歐盟將歐洲研究區的相關內容納入《里斯本條約》中，希望通過歐洲研究區的發展使各成員國的研究與創新政策與歐盟逐漸一致，進一步完善歐洲研究區的制度環境。在歐洲研究區開展的研究項目中體現共同的歐洲價值，加強了價值認同。在歐洲研究區建設中要加強對不同層次制度的有效協調，希望為各層級創新主體創造良好的制度環境，促進創新系統的良好運轉。

(三) 加強創新相關機構的有效合作，解決互動機制失靈問題

創新系統主要是通過系統內機構之間的有效互動以加強知識在系統內的有效流動從而提高系統的創新能力的。如果系統內的機構之間缺乏有效的互動機制，知識就不能在系統內有效流動從而會使得整體創新能力被削弱，系統的優勢就發揮不出來，就會使互動機制失靈。歐洲研究區作為泛區域創新系統，包容各成員國的國家創新系統和區域創新系統，致力於加強各子系統和子子系統的開放性，使得它們在保持自身特色的基礎上接受來自其他子系統的新知識，加強各成員國之間以及創新機構之間的互動學習，在歐洲研究區內廣泛推廣好的發展模式和政策；同時也創造條件，加強歐洲研究區內各創新主體之間的互動，推進科技信息的共享以保證知識的有效創造、流動和轉化。

(四) 促進重大科研設施的共建和共享，解決設施環境失靈問題

卓越的研究離不開世界級的研究設備和設施，創新系統的科研基礎設施環境對於系統內創新機構的發展有著重要意義。科研基礎設施的完善不僅是開展創新的前提條件，也是吸引外部資源和人才加入的重要條件。由於一些重大的科研基礎設施投入高、建設週期長，單個科研機構或成員國往往無力承擔其建設。歐洲研究區的建設注重加強歐盟及成員國對科研基礎設施的聯合投入和共同建設，促進對現有科研設施的共享以提高科研設備和設施的利用效率，改善歐洲研究區的科研基礎設施環境。

歐盟希望通過歐洲研究區的建設解決創新過程中遇到的市場失靈和系統失靈問題，更好地進行創新資源的配置和共享，最終實現歐盟創新能力的提高和創新競爭力的增強，並通過此解決長期困擾歐盟的經濟增長和就業問題。

第三節　歐洲研究區的優先發展領域

2012年7月，在分析現階段歐洲研究區發展的主要阻礙因素後，歐盟委員會制定了歐洲研究區的五大優先發展領域，分別是：更有效的國家研究系統；優化跨國合作和競爭；為研究者提供開放的勞動力市場；在研究領域實現性別平等和性別主流化；優化科學知識的流通、獲取和轉化。隨著社會的發展，歐盟對歐洲研究區的優先發展領域進行了更新，2016年最新發布的《歐洲研究區發展報告》將國際合作列入了歐洲研究區的優先發展領域。

一、更有效的國家研究系統

歐洲研究區是各成員國研究與創新系統的整合，建立有效的成員國研究系

統是歐洲研究區有效運行的前提條件。對成員國研究系統的改革具體包括提升國家的競爭力，維持或增加科研投入；在國家間開展良性競爭，使投入科研的公共資金能夠得到最有效的使用並產生最大效益；通過公開招標及獨立而公正的評價方式決定公共科研基金的配置；加強交流，將成員國現有的成功實踐經驗在歐盟範圍內推廣；對科研機構和團隊的研究成果及質量進行有效評估。

二、優化跨國合作和競爭

歐洲研究區的最終實現以成員國之間良好合作機制的建立為前提條件，因此要促使成員國在應對共同的社會挑戰中開展聯合行動以實現規模效益；要開展共同項目行動並執行共同戰略研究日程，加快一致行動的執行速度；通過促進成員國在歐洲範圍的公開競爭來提升研發質量；在全歐洲範圍內有效使用關鍵的研究基礎設施，推進成員國在科研基礎設施的建設和使用方面開展合作。

三、為研究者提供開放的勞動力市場

研究者是歐洲研究區的關鍵要素之一。研究者的自由流動也是知識自由流動的重要體現。建立歐洲研究區，真正實現研究人員在區內的自由流動就要先建立統一的歐洲研究者勞動力市場，在歐洲範圍內實現透明、公開、以能力為基礎的招聘，確保清除妨礙科研人員流動、培養的障礙，打造有吸引力的研究職業生涯。

四、在研究領域實現性別平等和性別主流化

歐洲研究界的性別不平衡問題比較嚴重，造成了女性科研人力資源的浪費。歐洲研究區要實現一切研究與創新資源的有效利用，其中包括要充分發揮女性研究人員的作用。因此不能再繼續造成女性科研人力資源的浪費，在科研和培養人才方面的觀念和方式應該更靈活，倡議研究相關機構變革現有制度以實現性別平等，在研究和創新中實現性別主流化①。

五、優化科學知識的流通、獲取和轉化

歐洲研究區要實現知識的自由流動，就需要使科學出版物和數據能被及時獲取，保證所有人都能獲得知識。鼓勵開放式創新，在開放式創新的環境下培

---

① 性別主流化是指所有政策活動均以落實性別意識為核心，在各個領域和各個層面上評估所有有計劃的行動（包括法律、政策、方案）對不同性別的不同意義。其最終目標是實現性別平等，使男女雙方受益均等。

养公共和私人研究机构的知识转化能力。由於越來越多的知識創造和擴散都通過數字手段，因此發展數字歐洲研究區、完善電子科研設施要得到重視。

六、國際合作

這一優先發展領域的目標是在全球化發展背景下確保歐洲作為一個整體能充分把握創新領域的發展機會，爭取獲得最大利益。主要舉措包括：將國家戰略在國際化背景下重新確定，加強與重要的第三國的合作，更好地協調歐盟、成員國、聯繫國針對非歐盟國家和國際組織的目標和行動，優化歐盟多邊和政府間的項目，更好地利用成員國之間及與其他夥伴國家之間的雙邊或多邊協定。

前五大優先發展領域是歐盟在歐洲研究區建設了十餘年之後提出的，是在十餘年發展經驗的基礎上總結出的阻礙歐洲研究區實現的五大主要障礙。只有解決這五大障礙，歐洲研究區才能順利實現，因此歐盟要求所有成員國遵守「歐洲研究區遵從」（ERA Compliance）原則，即成員國的國民經濟發展方案要與歐洲研究區的戰略規劃與發展路線保持一致，成員國在國民經濟改革方案中要涉及上述五大優先發展領域，並將其納入「歐洲學期」的監管機制中。歐盟對歐洲研究區的階段性評價目前也主要是評判上述五個領域的發展情況。

第三章 歐洲研究區的建設方式

第一節 歐洲研究區的法律基礎

《里斯本條約》給歐洲研究區的建設提供了法律依據。《里斯本條約》是在原《歐盟憲法條約》的基礎上修改而成的，它採取歐盟傳統的修訂條約的方式，修訂了《歐洲聯盟條約》與《歐洲共同體條約》，並將後者重新命名為《歐洲聯盟運行條約》。《里斯本條約》的正式生效，對歐盟現行的機構與制度改革有著重大意義，《里斯本條約》中關於歐洲研究區的內容也給歐洲研究區的建設提供了法律制度上的保證。

《歐洲聯盟運行條約》第 19 編是關於科研與技術開發及空間的內容，其中以下條款與歐洲研究區有關。

第 179 條（原《歐洲共同體條約》第 163 條）：

「1. 聯盟應致力於通過建立一個研究人員、科學知識和技術在其中自由流動的歐洲研究區以加強聯盟的科學和技術基礎，並促進競爭力的加強——包括在工業領域，同時促進條約其他章節確認的有必要的所有研究行動。

2. 為本條第 1 款之目的，聯盟應在整個聯盟內，鼓勵企業（包括中小企業）、研究中心和大學從事高質量的研究和技術開發活動。聯盟支持它們之間進行相互合作，特別是允許研究人員自由跨界合作，幫助企業充分利用內部市場潛力，尤其是要通過開放國內公共合同、制定共同標準以及取消妨礙合作的法律與稅收方面的障礙等方式來達到此目的。」

第 179 條對歐洲研究區概念進行了界定和解釋，明確了歐洲研究區的目標，使得歐洲研究區的建設有了法律依據。明確指出要支持作為「知識三角」的企業、研究中心和大學之間的合作，提出聯盟要致力於消除成員國妨礙合作方面的法律和政策障礙。

第180條（原《歐洲共同體條約》第164條）：「在實現上述目標的過程中，聯盟應採取以下行動，以補充成員國的行動：通過促進聯盟與企業、研究中心和大學的合作以及它們之間的合作，執行研究、技術開發和示範項目計劃；在聯盟研究、技術開發和示範項目領域，促進聯盟與第三國和國際組織的合作；推廣聯盟在研究、技術開發和示範項目領域內的活動成果，並使之最優化；鼓勵聯盟內研究人員的培訓和流動。」

第180條主要明確了歐盟在歐洲科技發展中的作用，要協調和推動全歐範圍的科技合作，積極開展國際合作，致力於研究成果的推廣，促進研究人員的流動。

第181條（原《歐洲共同體條約》第165條）：

「聯盟與成員國應協調其科研與技術開發領域的活動，以確保各國政策與聯盟政策相互一致。經與各成員國密切合作，委員會可提出任何有益的動議，以促進本條第1款提及的協調，特別是提出旨在制定指導方針和指標、組織最佳實踐交流及準備定期監督和評估所必需的內容的動議。所有相關內容應通知歐洲議會。」

第181條強調了歐盟與成員國在科研與技術方面政策及行動協調的重要性，並明確了歐盟在其中的導向性作用，明確了歐盟委員會在促進歐盟與成員國協調方面的職責。

第185條（原《歐洲共同體條約》第169條）：

「在實施多年度框架計劃的過程中，經有關成員國同意，歐盟可就由若干成員國承擔的研究和開發計劃制定條款，包括為實施這些計劃而設立的組織結構。」[1]

185條款規定歐盟可以加入幾個成員國聯合參與的研究項目，也可以加入為執行國家項目所建立的組織。只要項目具有十分明顯的歐洲附加價值，歐盟可參與的聯合項目的範圍可以突破第七框架計劃所列舉的合作領域，覆蓋更多的研究課題。歐盟積極參與基於第185條款設立的合作科研項目對於歐盟各成員國之間加強合作以及實現利益和成果共享具有重要意義。

第二節　影響歐洲研究區決策的機構

參與歐洲研究區治理的主體是歐盟、成員國（包括聯繫國）、與研究有關

---

[1] 程衛東. 歐洲聯盟基礎條約［M］. 北京：社會科學文獻出版社，2010：117-118.

的利益相關機構（Research Stakeholder），因此影響歐洲研究區決策的機構也主要是來源於這三大主體。

一、歐盟

歐盟是歐洲研究區的主要推進者，歐盟制定各種措施並開發各種治理工具致力於歐洲研究區的推進。與歐洲研究區有關的報告和政策建議一般由歐盟委員會（European Commission）提出，再由歐盟理事會（The Council of the European Union）和歐洲議會（The European Parliament）修正、通過或駁回。歐盟的三大機構及一些諮詢機構在歐洲研究區的相關決策制定上起著重要的作用。

（一）歐盟委員會

歐盟委員會是參與歐洲研究區決策的最重要的機構之一，它密切聯繫成員國，加強成員國之間科技政策的一致性，並促進研發創新計劃的協調與合作，激勵社會各方增加對科研的投入，歐盟委員會在歐洲研究區的所有決策中都起著重要作用，它制定歐洲研究區的發展前景和發展框架，確定歐洲研究區的實施措施，提出優先發展事項和行動建議，推動各相關主體之間的交流，促進科技人員和科研成果的流動，對歐洲研究區的開展進行評價，發布歐洲研究區年度發展報告，並依據《里斯本條約》賦予的權利，就由若干成員國參與、承擔的研究和開發計劃制定條款。歐盟委員會下設的一些組織對於歐洲研究區的決策有著重要的影響。

1. 研究與創新總司

研究與創新總司（DG RTD）的職能是以實現「歐洲 2020 戰略」和創新聯盟為目標發展並執行歐洲研究與創新政策，致力於使歐洲成為更佳的居住和工作地點，增強歐洲的競爭力，促進經濟增長，帶來更多的就業機會，能夠應對當前和未來的重大社會挑戰。

研究與創新總司通過框架計劃支持研究和創新，協調並支持成員國和地區層次的研究與創新項目，為研究人員和知識的自由流動創造條件，支持歐洲的研究組織和研究者在國際層面上開展合作。通過這些行為，研究與創新總司有力地支持了歐洲研究區的發展。研究與創新總司下還有創新與歐洲研究區司，負責與創新和歐洲研究區建設相關的政策、改革等事務。

2. 聯合研究中心

歐盟的聯合研究中心（DG JRC）成立於 1960 年，是歐盟委員會的內部科學服務機構，它組織科學家開展研究工作，為歐盟科學方面的政策提供獨立的建議，並對歐盟的政策提供以事實為依據的科學和技術支持。它的科學研究涉

及健康和環境安全、能源保障、可持續交通、消費者健康和安全等方面的研究。聯合研究中心有七大科學機構，分別在比利時的布魯塞爾和海爾、德國、義大利、荷蘭和西班牙。聯合研究中心與公共和私營組織、地方機構、專業協會、企業及各類研究機構有密切聯繫，既承擔歐盟專項研究計劃也協助制定歐盟科研政策。聯合研究中心的主要工作包括制定歐盟科學研究的相關法規；對科技人員進行技術培訓，促進歐盟各國的科技合作與交流；對其研究成果進行轉讓並參與技術轉讓的鑒定推廣工作。聯合研究中心對歐洲研究區開展研究，發布了很多歐洲研究區的研究報告，向歐盟委員會就歐洲研究區的發展提供政策建議。

3. 專家組織

歐盟委員會經常成立專家組以支持政策的制定，如「里斯本專家組」和「知識促增長專家組」。基於歐盟委員會科研與創新委員蓋根·奎恩（Geoghegan-Quinn）的請求，研究和創新總司在 2011 年成立了「創新促發展」高級經濟政策專家組，目的是使其像創新聯盟旗艦計劃中提出的那樣能夠提供獨立的建議以支持「歐洲 2020 戰略」。「創新促發展」高級經濟政策專家組的前身是「知識促增長」高級專家組。「創新促發展」高級經濟政策專家組評估研究和創新行為的社會經濟影響，分析並評價研究和創新的最佳案例，對研究和創新政策提出建議，建議內容涉及歐洲研究區的建設和發展。

歐盟還成立了「研究、創新和科學政策專家組」（Research, Innovation, and Science Policy Experts，RISE）。為歐盟研究、創新和科學事務以及負責相關事務的委員提供意見。其主要任務是研究如何更好地運用歐盟的研究、創新和科學政策以適應歐盟的增長方式並在全球化的世界中為歐盟相關國家發展智慧的、經濟的、環境友好的、可持續發展的、社會包容的經濟增長方式創造條件。「研究、創新和科學政策專家組」建立在歐洲研究與創新區域委員會（ERIAB）、「創新促發展」高級專家組和歐盟前瞻性論壇（European Forum on Forward Looking Activities，EFFLA）的工作基礎之上，將這幾個組織的工作結合起來。其對於歐洲研究區的相關發展決策起到諮詢和建議作用。

(二) 歐盟理事會

歐盟理事會是由歐盟成員國的政府部長所組成的，是歐盟的重要決策機構，歐盟委員會的建議文件需要由歐盟理事會批准。歐盟理事會召集有關部長定期召開會議，評估歐洲研究區的進展情況，探討需要採取的新的政策措施，確定需要優先發展的創新領域，為歐洲研究區建設提供指導，並採取必要措施完善歐洲研究區的建設。平時與歐洲研究區有關的工作主要由理事會研究工作

組（Research Working Party）、常駐代表委員會（Coreper）進行。

（三）歐洲議會

歐洲議會定期舉行由各國議會代表和利益相關方參加的會議，瞭解歐洲研究區的重要進展和關鍵信息，加強歐洲研究區建設在政治議程中的關注度。平時與歐洲研究區相關的工作由歐洲議會中的工業、研究和能源委員會（ITRE）負責，歐洲議會的科學及技術選擇評估部門為歐洲議會提供研究方面相關事務的諮詢。

（四）經濟與社會委員會

經濟與社會委員會（European Economic and Social Committee）為歐盟諮詢機構，於1957年成立，旨在吸收歐盟成員國及社會各界利益集團參與歐盟建設，對歐盟決策產生的經濟和社會方面的影響發表意見，對歐盟三大機構提出建議，對歐盟的決策提供諮詢服務並施加間接影響。由於歐洲研究區建設涉及人員培訓、就業、社會基金等問題，因此需要接受經濟與社會委員會的建議，其相關決策會受到經濟與社會委員會的影響。

（五）地區委員會

地區委員會（Committee of the Regions）是歐盟下屬的諮詢機構。地區委員會的委員來自地方和地區當局，是由部長理事會根據成員國的提議而任命的，任期為四年，設立地區委員會的目的是要讓各地區委員會參與歐盟的立法程序，以保障各地區的利益。歐盟委員會和歐盟理事會在經濟和社會各方面聚合，但泛歐交通、通訊和能源網絡、文化、衛生、教育和青年方面的決策必須諮詢地區委員會的意見，關於歐盟在其他領域的決策，地區委員會可以發表意見。因為歐洲研究區的發展會涉及前文提到的五個領域，因此地區委員會對於歐洲研究區的相關決策也有一定的影響。

（六）與歐洲研究區有關的諮詢機構和論壇組織

在歐盟，與歐洲研究區有關的諮詢工作主要來自於歐洲研究區相關組織（ERA-related groups），主要包括歐洲研究區與創新委員會（European Research Area and Innovation Committee，ERAC）、赫爾辛基研究與創新領域性別問題工作組（Helsinki Group on Gender in Research and Innovation）、歐洲研究區人力資源和流動性指導組（ERA Steering Group on Human Resources and Mobility，SGHRM）、歐洲研究基礎設施戰略論壇（European Strategy Forum on Research Infrastructures，ESFRI）、國際科技合作戰略論壇（Strategic Forum for International Science and Technology Cooperation，SFIC）、聯合項目高級組（High Level Group on Joint Programming，GPC），還有國際科技合作戰略論壇和歐洲研

究與創新區委員會（European Research and Innovation Area Board，ERIAB）對歐洲研究區的決策也有一定影響。

1. 歐洲研究區與創新委員會

歐洲研究區與創新委員會（European Research Area and Innovation Committee），簡稱 ERAC，前身是科技研究委員會（Scientific and Technical Research Committee，CREST），在歐洲研究區中起著很重要的作用，是一個政策諮詢機構，職責是協助歐盟委員會和歐盟理事會處理關於研究和技術開發領域方面的工作。科技研究委員會成立於 19 世紀 70 年代早期，歐盟理事會 2009 年在加強歐洲研究區治理的背景下重新界定了其工作內容，並在 2010 年 5 月 26 日的決議中將科技研究委員會正式更名為歐洲研究區委員會（European Research Area Committee，ERAC）以使其角色更有利於推動歐洲研究區的發展。隨著歐盟各界對研究和技術開發越來越重視，歐洲研究區委員會的工作也越來越重要，其職能主要是為歐盟委員會、歐盟理事會以及成員國提供與歐洲研究區有關的諮詢建議，同時也監督歐洲研究區的建設情況。2013 年，歐盟理事會進一步將歐洲研究區委員會改名為歐洲研究區與創新委員會（簡稱仍為 ERAC）以凸顯創新的重要性，明確將歐洲研究區與創新委員會定位為戰略政策的諮詢機構，其主要任務是在歐洲研究區發展方面進行戰略推動[①]。歐洲研究區與創新委員會由歐盟的代表以及每一個成員國負責研究和創新政策的兩名高級代表組成，還要請框架計劃的聯繫國代表作為觀察員出席會議，如果議題需要，還可以邀請歐洲議會的成員參加會議。歐洲研究區與創新委員會下面還有一個知識轉化工作組（The Knowledge Transfer Group），主要職責是加強歐盟在知識轉化中的知識產權管理，對大學及公共研究機構在行為準則方面提出建議並督促其執行。

2. 赫爾辛基研究與創新領域的性別問題工作組

赫爾辛基研究與創新領域的性別問題工作組（Helsinki Group on Gender in Research and Innovation）是歐盟關於性別、研究和創新問題的諮詢機構，組成人員為歐盟成員國和聯繫國的代表，在執行「地平線 2020」（Horizon 2020）計劃和推進歐洲研究區中就促進歐盟層次的研究和創新領域中的性別平等問題對歐盟委員會提供建議。同時它也是一個有價值的論壇，為歐盟國家提供了一個國家政策的交流和對話平臺，在增強成員國和歐盟層次上的性別平等意識方

[①] Council of the European Union. Council Resolution on the Advisory Work for the European Research Area [R]. Brussels, 2013.

面起了關鍵作用。

3. 歐洲研究區人力資源和流動性指導組

歐洲研究區人力資源和流動性指導組（ERA Steering Group on Human Resources and Mobility，SGHRM）是一個在歐洲從事研究相關工作的人力資源的論壇組織。其關注內容包括博士培養、公共研究機構的招聘、研究生涯的構建、社會保障、研究人員的補助資金等，致力於清除妨礙研究者自由流動的障礙。成員包括來自不同國家的研究者、部長級人員、研究管理者、政策制定者等，成員構成考慮性別和年齡的平衡。

4. 歐洲研究基礎設施戰略論壇

20世紀末以來，歐盟認識到研究基礎設施對於提高歐盟創新能力的重要性，開始更積極地考慮在歐盟的統一框架內推動大型研究基礎設施的發展。歐盟於2002年成立了「歐洲研究基礎設施戰略論壇」（European Strategy Forum on Research Infrastructures，ESFRI），負責研究制定歐洲大型研究設施的規劃和政策，以協調歐盟成員國研究基礎設施發展方針，通過大規模的協商確定未來擬支持的研究基礎設施計劃。2006年，「歐洲研究基礎設施戰略論壇」發布《歐洲科研基礎設施路線圖》，其後根據發展需要不斷修訂和監督落實。「歐洲研究基礎設施戰略論壇」支持在新建和使用歐洲範圍的研究基礎設施方面進行統一的戰略性決策，由一個或多個成員國和聯繫國的代表提出建議，使成員國在開發和最優使用具有泛歐意義的研究基礎設施方面共同協調行動。「歐洲研究基礎設施戰略論壇」的代表由成員國和聯繫國管理研究的部委提名，還包括歐盟委員會的代表，代表們一同建立共同戰略，定期修訂和發布關於研究基礎設施的路線圖、報告和標準。由於科研基層設施的建設是歐洲研究區建設的一個組成部分，因此「歐洲研究基礎設施戰略論壇」對歐洲研究區的推進產生積極影響，其推動了歐洲研究區發展框架的構建，並通過推動歐洲研究基礎設施的共建和共享加強了成員國之間的聯繫，從而推動了歐洲研究區的建設。

5. 聯合項目高級組

聯合項目高級組（High Level Group for Joint Programming）處理聯合項目進行過程中的相關事務，包括聯合項目選題的確認、申請的評估，對聯合項目的發展和執行有重要影響的事務密切關注，例如進行同行評議程序、前景預測、聯合項目評價、成員國和地區政府對跨界項目的資助、研究資金的最優分配和使用等。組成人員為成員國和歐盟的高級官員，聯繫國可以參加。聯合項目高級組通過對成員國聯合項目產生重要影響從而影響歐洲研究區的相關決策。

6. 國際科技合作戰略論壇

加強國際合作是歐洲研究區建設的一個重要層面。2008年12月，競爭力司倡議歐盟成員國和委員會在國際科學與技術合作方面建立夥伴關係。基於此，成員國和歐盟委員會建立了「國際科技合作戰略論壇」(Strategic Forum for International S&T Cooperation，SFIC)。「國際科技合作戰略論壇」通過數據分享和確認聯合優先發展領域，為歐洲研究區國際層面的發展、執行和監督提供便利，加強歐盟和成員國在開展研究與創新國際合作方面的夥伴關係。

7. 歐洲研究與創新區委員會

歐洲研究與創新區委員會（European Research and Innovation Area Board，ERIAB）成立於2012年2月，目標是給研究和創新總司在研究與創新政策上提供獨立的諮詢建議。其前身是歐洲研究區域委員會（ERAB，2008—2012年）和歐洲研究諮詢委員會（EURAB，2001—2007年）。這兩個機構的工作內容都是關於歐洲研究區的相關事務。歐洲研究與創新區委員會的成立標誌著其關於創新政策的建議將更集中於創新聯盟政策和歐洲研究區的完成方面。其主要任務包括：就歐洲研究區相關事務向歐盟委員會提供意見，對優先發展領域和行動進行建議，對歐洲研究區和創新聯盟的發展和實現情況發表看法，對歐洲研究區和創新聯盟的發展情況提供年度報告，把握歐洲研究區和創新聯盟的發展新趨勢。其成員由歐盟委員會提名和任命。

二、成員國和地區政府

歐洲研究區的治理是分不同層級的，成員國層級的治理主要靠成員國政府。目前，歐盟國家研究與創新政策的制定權主要是在成員國政府手中，歐盟層次的政策還比較少，各國的研究支持體系也是獨立的，歐盟研究與創新項目的資金支持主要來自於成員國政府，因此成員國政府的相關管理機構在歐洲研究區決策體系中起著至關重要的作用，而且歐盟層次的治理也需要各成員國的支持與配合才能完成。歐洲研究區是在歐盟各成員國國家創新系統協調發展的基礎上構建的跨國創新系統，最終要實現研究人員、知識、技術在歐洲研究區內的跨成員國自由流動。由於歐盟提出的政策建議要靠成員國的支持和執行才能落實，為了得到成員國的配合和支持，歐盟在政策建議出抬之前會經過多方協商並廣泛地徵詢意見，其中成員國政府是意見徵詢的重要對象，而且歐盟諮詢機構中也有來自成員國政府的代表，因此成員國政府對歐盟的政策建議是否支持關乎到歐洲研究區政策能否最終出抬以及政策出抬後能否真正落實執行。歐洲研究區能否最終實現，關鍵在於成員國是否支持、配合。歐洲研究區的發

展框架和發展措施能否體現在成員國的改革方案中並得到真正的貫徹執行取決於成員國政府採取的治理措施，因此成員國政府是歐洲研究區治理的重要主體之一。

在歐盟的大部分國家中，成員國地區在本地區發展中擁有著很大的自治權，地方政府在構建區域創新系統，增加地方創新投入，發展地方教育和培訓、激勵企業創新方面影響著區域創新能力的提高。區域創新系統是成員國創新系統的子系統，是歐洲研究區的子子系統，因此成員國地區的政府也是歐洲研究區治理的主體之一，影響著歐洲研究區的決策。

三、與研究有關的利益相關機構

與研究有關的利益相關機構在推動歐洲研究區建設中起著非常重要的作用。與研究有關的利益相關機構主要包括公共或私營性質的研究主體（包括研究者、大學、研究基金機構、專門從事研究的機構）的聯盟和代表機構及其成員，可以分為研究資助機構和研究執行機構兩大類[1]。歐盟關於歐洲研究區的每一項政策建議與行動方案都經過了廣泛調查和諮詢，在收集各方意見的基礎上做出決議，而與研究有關的利益相關者是調查和諮詢的主要對象。他們對歐洲研究區的執行情況有著最直觀的感受，其建議體現了一線研究者的需求。早在盧布爾雅那進程中，歐盟就提出了在歐洲研究區建設中要發展歐盟、成員國、利益相關組織之間的夥伴關係。歐洲存在著多種研究機構和大學聯盟組織，這些聯盟組織成員眾多，社會影響力很大，是一線研究人員和研究機構的代表組織，對歐洲研究區的建設起重要作用。

很多與研究相關的聯盟組織非常支持歐洲研究區建設，一直為實現歐洲研究區而努力，對歐洲研究區的建設起到了積極的推動作用。如歐洲研究型大學聯盟很重視歐洲研究區的建設，在 2002 年就提出了建設歐洲研究區的計劃，在 2009 年還描繪了歐洲研究區未來的發展方向。一直以來，歐洲研究型大學聯盟都採取積極行動推動歐洲研究區的發展，其他幾大聯盟組織也同樣積極參與了歐洲研究區的建設。2012 年，歐盟在《加強歐洲研究區夥伴關係，促進科學卓越和經濟增長》的通訊中強調了在歐洲研究區建設中發展夥伴關係的重要性，歐盟委員會還與歐洲研究與技術組織聯合會、歐洲大學聯盟、歐洲研究性大學聯盟、北歐科研合作組織和科學歐洲五個利益相關組織簽訂了聯合聲

---

[1] European Commission. A Reinforced European Research Area Partnership for Excellence and Growth [R]. Brussels, 17.7.2012. COM (2012) 392 final：p6.

明《共建夥伴關係，建設歐洲研究區》，表明要共同協作，努力實現歐洲研究區。還發布了要共同促進科研信息的開放獲取（Open Access）的聲明，確保歐盟及其成員國中通過公共資金資助產生的科研成果能夠被使用者免費使用，以促進科研成果的傳播和應用。為回應通訊和聲明，隨後歐盟還成立了「歐洲研究區利益相關者論壇」，參與論壇的組織緊密合作，共同推進歐洲研究區的政策發展。2013年，歐洲先進工程教育與科研高等學校大會組織（CESAER）也加入利益相關者平臺，歐洲研究區利益相關者組織通過這個平臺共同討論歐洲研究區的政策發展。這個論壇組織不僅加強歐盟與利益相關組織之間的關係，還加強了利益相關者組織之間的聯繫，有利於他們之間達成共識並開展合作。

第三節　歐洲研究區治理模式

歐洲研究區作為一個泛區域創新系統涉及多層次的制度協調，既包括在歐盟、成員國和成員國地區之間的縱向協調，也包括在政府、企業、高等院校、研究機構和創新服務機構之間的橫向協調，如圖3-1所示。

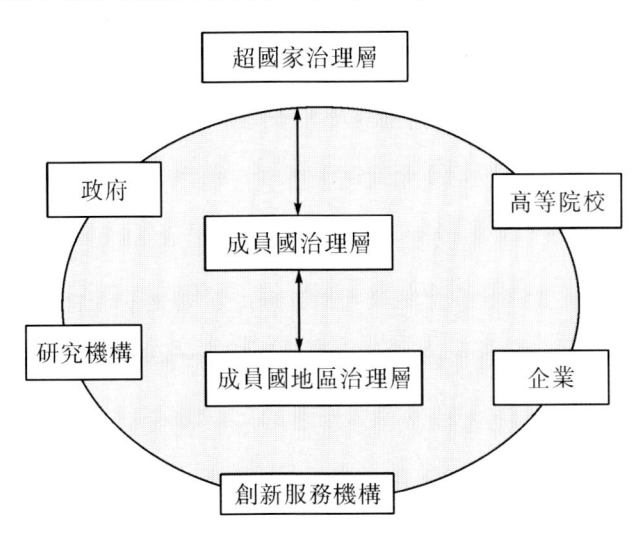

圖3-1　歐洲研究區多層次治理圖

歐盟在一體化的過程中逐漸形成了一個多層治理的體系。歐盟的機構是超國家治理的主體，成員國政府是國家治理的主體，成員國各級地區政府是地方

治理的主體，社會治理的主體是代表各階層利益的民間團體、非政府組織、行業協會等。在歐盟，隨著一體化進程的推進，成員國讓渡了一部分主權，在某些政策領域由歐盟統一制定政策並監督實施；還有一部分政策的制定權仍掌握在成員國手中，在這些政策領域，歐盟只起到支持和協調的輔助作用；還有一部分政策介於兩者之間，由成員國和歐盟共同進行政策的制定和實施。

對歐洲研究區影響最大的政策是研究、技術和創新政策，但由於創新是一個很廣義的概念，創新鏈條從科學研究到技術開發再到新產品進入市場涉及社會多個領域，因此很多政策都會影響到科技創新，如產業政策、社會保障政策、稅收政策、教育政策等。與歐洲研究區有關的研究、技術開發政策屬於歐盟與成員國共同負責的領域，其他一些相關性高的政策，例如經濟與社會融合、能源、運輸等政策領域也屬於歐盟和成員國共同負責的。同時，一些與研究和創新密切相關的政策領域，如教育政策屬於成員國各自負責制定並實施的。基於歐盟國家的治理現狀，歐洲研究區的治理也必然需要採用多層治理結構，歐盟在歐洲研究區的治理中主要採用了開放式協調治理的模式，歐盟還通過在歐洲研究區主體間發展夥伴關係共同推動歐洲研究區的建設。

一、開放式協調治理

2000年，歐盟提出在創新政策領域引入開放式協調機制，這種機制介於政府間合作和超國家治理之間，是一種軟治理。由於開放式協調法在就業政策中被成功運用而被引入其他政策領域，希望能夠在更廣泛的領域更好地協調歐盟與成員國。開放式協調在政策制定和執行上採用的是一種非線性的、循環的方式，重視各利益相關者的意見，鼓勵相關各方在信息充分交流的基礎上積極參與政策的制定和執行。各國可以依據歐盟制定的方針，再結合本國的具體情況制定本國的行動方案並反饋給歐盟，歐盟以此為參考，制定新的具體行動方針。這種機制能有利於好的實踐經驗在歐盟範圍內進行交流和傳播，從而使歐盟的行動方針更容易被成員國認可和執行。

歐洲研究區政策的制定涉及歐盟、成員國和成員國地區多個層次，執行方式在不同層次也是多樣化的。一直以來，成員國在研究與創新政策方面有很大的自主權，諸如知識產權、稅收等政策在不同成員國之間也有很多差別。開放式協調機制協調歐盟、成員國及地區的關係，希望各層級主體在研究與創新政策方面能夠更加趨向於一致，開放式協調機制會加強創新政策在歐盟各國的標準化。歐洲研究區中的制度是在多個治理層次交織的，開放式協調機制有利於歐盟各成員國制度的協調，能通過歐盟組織的成員國之間相互學習政策，使成

功的經驗在成員國之間擴散，逐步實現歐盟及成員國政策的協調一致化。採用的主要方式包括：

（1）制定歐盟層面的指導方針和實現短期、中期、長期目標的發展時間表。

（2）建立定性的和定量的指標及標準，並根據成員國和相關部門需要進行調整，用於比較分析成員國實踐進行情況。

（3）在考慮各國和地區實情的基礎上制定具體措施和目標，將歐盟的指導方針轉化成國家和區域的政策。

（4）對於取得的進展進行定期監督評價，以實現成員國之間的相互學習。

開放式協調治理方式能夠充分考慮利益相關方的意見，提高了各相關主體的參與積極性，還能使各成員國和地區在充分考慮本區域特點的情況下制定適合本區域的改革方案，有利於提高歐盟方針的可行性。定期的監督評價有利於在成員國間形成良好的競爭與合作氛圍，有利於成功經驗的推廣。歐洲研究區本就是要在保持成員國和地區創新專業化和靈活化的基礎上實現歐洲泛區域創新系統的構建和發展，因此開放式協調機制是適合歐洲研究區的治理模式，能夠使成員國和地區在保持區域特色的前提下實現歐洲研究區的發展，能增強成員國及地區在制定和執行歐洲研究區相關政策及改革方案上的協調性和一致性。在歐洲研究區治理中採用開放式協調模式能夠更好地協調歐盟、成員國及地區之間的關係，使得相關政策的制定和執行更有效率。

但即便是開放式協調的治理模式，也只有在成員國及區域有效的配合下才能在歐洲研究區治理中起到良好效果。由於歐洲研究區相關政策涉及多層次主體的利益，而各成員國和地區的創新系統發展水準、創新行為方式和創新能力具有很大差異性，各國和地區的現有研究與創新政策以及對歐洲研究區的理解和接受程度也有很大不同，同時由於創新資源的有限性，有些成員國將其他成員國更多地是當作創新的競爭對手而非合作夥伴。因此，除了開放式協調治理模式，還需要在歐洲研究區各主體間建立夥伴關係。

二、發展夥伴關係治理

重視參與歐洲研究區建設的各類主體的意見，在各主體間發展夥伴關係共同治理是歐洲研究區治理的又一特點。2012年7月17日，歐盟委員會明確了在歐洲研究區的行為主體間發展夥伴關係的重要性。「夥伴關係」匯聚歐盟、成員國和地區層面的所有相關行為主體，目的是加強研發和創新方面的合作，以更快、更有效地達到目標。為確保「夥伴關係」，歐盟將關注點放在共同面

臨的社會挑戰上，各夥伴之間進行政治承諾，對具有明確的歐盟附加值的項目採取共同行動，合理、明確地進行任務分配，讓各方制定各自的工作任務及實施方案，由歐盟提供財政支持。歐洲研究區作為泛區域創新系統，其制度協調涉及縱向和橫向兩個層次，相應的夥伴關係治理也分縱向和橫向兩個層次。縱向層次包括歐盟和各成員國（包括聯繫國）之間的聯繫，橫向層次包括研究與創新相關機構之間的夥伴關係。歐洲研究區治理的「夥伴關係」將歐盟、成員國和地區層次的所有相關行為主體團結起來，「夥伴關係」能夠更高效、簡化地協調現有機制，也有利於新行動的順利展開。加強「夥伴關係」實際體現了歐洲研究區的一種利益相關者共同的治理理念，這種理念在歐盟中小企業公司治理中早有傳統，將利益相關者共同治理運用於歐洲研究區的治理有利於團結各方力量，消除障礙，能有效推進歐洲研究區的建設進程。歐盟委員會承諾會在職責範圍內對成員國和利益相關組織採取的與歐洲研究區相關的行動給予支持，會在利益相關者組織和市民社團組織戰略對話和討論的基礎上全面發展歐洲研究區的政策。

歐盟委員會在與成員國和利益相關組織的夥伴關係基礎上，逐步對歐洲研究區的相關政策進行發展和完善，已經建立了歐洲研究區的監督機制（ERA Monitoring Mechanism, EMM），歐洲研究區監督機制的不斷完善使得歐洲研究區的政策執行更有效。上述成就可以證明歐洲研究區夥伴關係的治理模式到目前為止是成功的，歐盟認為完成歐洲研究區的條件已經具備，但由於成員國和研究創新相關主體對歐洲研究區建設的支持和參與力度不同，歐洲研究區的完成還需要一個過程，歐洲研究區夥伴關係中的各主體進一步的共同努力是加速完成歐洲研究區建設的關鍵。

在泛區域創新系統發展過程中，不可能產生集權制的超國家機構，因此開放式協調機制與發展「夥伴關係」是實現歐洲研究區建設目標的有效治理模式。

第四節 歐盟建設歐洲研究區的工具

歐洲研究區要加強歐盟範圍內的研究與創新相關機構之間的有效聯繫與合作，而且要進一步將聯繫與合作穩定化和常態化，這就需要處理好歐洲研究區內各類主體之間的關係，包括歐盟、成員國及地區的關係、各類創新相關主體之間的關係（其中還包括公共機構與私營機構之間的關係）。歐盟通過一系列工具激勵創新，加強各主體之間的合作，加強科研人員的培養，促進知識和人

才的流動。這些工具互相補充,在激勵創新、促進歐盟各國的科研與創新合作、推動歐盟創新系統的形成和發展方面起到了重要作用。目前,歐盟在推動歐洲研究區建設中使用的工具主要有以下幾類。

一、資金工具

(一)研究與技術開發框架計劃

研究與技術開發框架計劃(Framework Programmes for Research and Technological Development),簡稱「框架計劃」(FP),是歐盟推進歐洲研究區建設的一個關鍵工具,為歐洲研究區的建設提供了大量的資金支持。20世紀80年代,科學技術領域明確成為一體化政策的一部分。為整合成員國的科技力量,提高歐洲整體的科研和創新水準,歐盟制定了「框架計劃」,至今為止已經執行了三十年,其在整體規劃、發展策略、措施方案、監督機制、資助領域、預算額度、資助方式、人才培養等各個方面都不斷地調整和完善。從1984年的第一研發框架計劃(FP1)開始到於2013年截止的第七研發框架計劃(FP7),再到2011年11月新推出的研發創新框架計劃「地平線2020」(Horizon 2020)、「研發框架計劃」,共計經歷八個階段。第一框架計劃到第六框架計劃各執行五年,第七框架計劃和「地平線2020」各執行七年。「框架計劃」作為一個歐盟的研究資金資助計劃,其預算不斷增加,如表3-1。「框架計劃」對於促進歐洲各國科技合作及歐洲研究網絡的初步形成具有重要意義。

表3-1　　　　　　　　　歷屆歐盟研發框架計劃經費表

名稱	年度(年)	總經費(十億歐元)
歐盟第一框架計劃	1984—1990	3.27
歐盟第二框架計劃	1987—1995	5.36
歐盟第三框架計劃	1991—1995	6.55
歐盟第四框架計劃	1995—1998	13.12
歐盟第五框架計劃	1999—2002	14.87
歐盟第六框架計劃	2003—2006	19.26
歐盟第七框架計劃	2007—2013	55.81
地平線2020	2014—2020	77

數據來源:中國-歐盟科技合作促進辦公室。

「框架計劃」在歐盟委員會與利益相關團體之間密切互動、與成員國和歐

洲議會談判的基礎上明確規定了目標和主題以及細節。從第五個框架計劃開始，凸現了歐盟對創新的重視。第六個框架計劃（2002—2006 年）在決議中明確提出第六框架計劃將致力於歐洲研究區的建設。為了更有效地達到這個目標，以及為了促成歐洲研究區的建立和創新，第六框架計劃圍繞集中和集成共同體的研究、構建歐洲研究區、加強歐洲研究區的基礎三個主題，旨在把研究工作和活動在歐洲層次上綜合起來，並且致力於構建各種層面的歐洲研究網絡，並保證在這些主題下協調地開展活動。第六框架計劃在資助成員國科研項目、促進歐洲卓越研究中心網絡化發展、推動成員國之間開展雙邊和多邊科研行動方面做出了很大貢獻。在與歐洲研究區建設相關的方面，第七框架計劃支持歐洲高校、企業、研究中心和公共管理者之間的合作，進一步使非歐洲行為者加入合作。注重公平競爭，對項目申請採取獨立的同行評議制度。資助前沿領域的研究以提高創造性和卓越性。通過支持研究者的培訓、流動和職業生涯來提升歐洲研究領域的人力資源潛力，提高歐洲的研究和創新能力。2013 年 9 月 18 日，歐盟委員會發布「地平線 2020」（2014—2020 年）的總目標和任務。歐盟委員會沒有沿用框架計劃的名稱，是為了體現「地平線 2020」在繼承框架計劃優勢的基礎之上做出了重大變革，以更加適應社會發展的需要。「地平線 2020」重新設計了整體研發框架，簡化並調整了資助板塊，簡化了項目申請流程。其主要投資有三大方向：一是強化歐盟科學的卓越性與創造性。二是強化歐盟工業在世界上的領先水準與競爭力。三是積極應對社會挑戰，促進經濟增長並增加就業。歐洲研究區建設、加強對外開放與開展國際科技合作，將縱橫貫穿三大方向的始終。

歐洲研究區是在「框架計劃」奠定的歐洲各國科技合作基礎上開展的，同時，「框架計劃」也是歐洲研究區建設的重要資金來源之一。「框架計劃」除為歐洲研究區的建設提供資金支持外，在其資助下成立的很多機構如歐洲研究理事會（ERC）、歐洲創新與技術學院（EIT），框架計劃資助的行動計劃如歐洲研究區網絡計劃（ERA-NET）、聯合技術行動（JTI）、創新夥伴計劃（PPP）、瑪麗·斯克沃多夫斯卡·居里行動等還成為推動歐洲研究區各行為主體間加強協調合作的重要工具。因此，「框架計劃」在歐洲研究區治理中是一個既提供資金資助，又搭建合作平臺的重要工具。

（二）歐洲研究理事會

歐洲研究理事會（European Research Council，ERC）是一個泛歐的科研基金機構，完全以「同行評議」為基金評審標準。它的啓動遇到了很多的阻力，重要阻力之一就是成員國擔心在「同行評議」（peer review）的基礎上，本國

的研究機構不能夠成功申請到資助，從而本國在歐洲研究理事會中的投入份額不能得到回報。經過多年的博弈，最終歐盟成員國放下個體利益，各國選擇相互信任和支持，使歐洲研究理事會於 2007 年 2 月 27 日正式啟動，推進了歐盟統一的研究和創新市場的建設。歐洲研究理事會在最初 7 年裡獲得了 75 億歐元的資金支持。

歐洲研究理事對批准項目提供 50 萬至 200 萬歐元的資金，以支持項目至少運行 5 年。歐洲研究理事會項目採用網上申請的招標形式，申請不限領域。項目申請人根據招標要求提交項目簡介，獲批准後再填寫正式申請書。項目評議採用同行評議，從申請人的科研能力和潛力、項目的質量、研究環境與條件等方面對項目進行評估。歐洲研究理事會的主要目的是確保歐洲的卓越研究，鼓勵研究人員在各領域自由地開展前沿研究，其原則是追求卓越、鼓勵創新，使靈活性與原則性相結合，盡可能地採用簡單的程序對項目進行資助。無論國籍，只要研究人員所從事的研究掛靠歐洲的研究機構就可以申請資助。起初，歐洲研究理事會主要資助這兩類項目：一類是剛剛建立第一個研究團隊或拿到第一個項目的優秀科研人員開展獨立研究的「ERC 獨立研究人員啟動基金」項目；另一類是由頂級科研人員主持開展創新性科研工作的「ERC 高級研究人員基金」項目。後來又增加了規模較小的「ERC 概念驗證」和「ERC 協同計劃」項目。

歐洲研究理事會推動了歐洲範圍內前沿科研領域的有益競爭，能夠給歐盟的研究人員帶來更多研究機會、更多良性競爭、更多資助和更好的科研基礎設施，有助於改進同行評議體系。因此，歐洲研究理事會對於推動歐洲整體研究能力的提升有重要意義，為歐洲研究區的建設提供了良好的發展基礎。

(三) 歐盟結構基金

隨著歐盟的不斷擴大，尤其是東擴以來，歐盟地區間的經濟發展水準和創新能力有很大差距，為了縮小歐盟地區之間經濟發展水準的差異，更好地促進歐盟經濟一體化，歐盟設立了區域政策工具，即結構基金（Structural Fund），其主要任務是促進落後地區和衰退地區的經濟發展與產業結構調整。結構基金屬於歐盟財政專項支出，要由歐盟理事會和歐洲議會批准。結構基金由四部分構成，其中歐洲社會基金和歐洲區域發展基金在提升落後地區科研和創新能力方面發揮了很大作用。歐洲社會基金主要提供職業培訓和就業幫助，歐洲區域發展基金支持落後地區中小企業的發展。

歐洲研究區的有效性建立在系統內各成員國和地區創新能力趨同的基礎上，而歷時幾年的歐洲主權債務危機對創新能力較弱的地區產生的衝擊更大，

使得歐洲各地區的創新能力差距有進一步擴大的趨勢。要想最終建成歐洲研究區，實現研究區內各國創新系統的有效協調與合作就必須要避免各地區創新能力之間形成「創新鴻溝」。歐盟目前實施了一系列鼓勵研發的地區政策，希望能通過提高地區的研發與創新能力來促進地區的全面發展，支持歐洲研究區的建設。

作為歐盟區域政策的重要支柱之一，結構基金在促進落後地區發展、消除地區發展不平衡方面發揮了積極的作用。在近些年，歐盟地區政策的各項工具越來越圍繞加速欠發達地區由傳統經濟向知識經濟轉變和提高地區創新能力上。結構基金致力於未來在支持地區創新方面起到更積極的作用，基於地區靈活專業化戰略（Smart Specialization Strategy）確定資金投向，推動有專業化相對優勢的地區提高創新能力。結構基金可以投入於教育、科研、培訓、研究基礎設施建設、創新項目、以驅動創新為目標的政府公共採購等。結構基金將在避免最強創新能力地區與較弱創新能力地區差距不斷擴大方面起到關鍵作用。歐盟建議成員國應將現有結構基金用於研發與創新項目的份額增加，實施靈活專業化項目和跨國合作項目，所投入的支持研發和創新的資金主要用於研究項目、研究和創新基礎設施建設、企業界和科研界之間的創新和技術轉讓、培訓研究人員。結構基金通過促進欠發達地區創新能力的提高減小歐盟各成員國之間的創新差距，通過加強企業界和公共研究機構之間的合作以及加強跨區域研究與創新合作從而為歐洲研究區的建設提供支持。

（四）歐盟競爭與創新框架計劃

「歐盟競爭與創新框架計劃」（簡稱 CIP）於 2006 年年底被歐盟理事會和歐洲議會批准，其目標是提高歐盟的工業競爭力，注重幫助歐盟的中小企業加強創新能力，鼓勵更好地運用信息技術並發展信息化社會，提倡增加新能源的使用並提高能源使用效率。總預算為 36.21 億歐元，由三個專項計劃組成，分別是：企業與創新專項計劃（EIP）21.66 億，信息通信技術支撐專項計劃（ICT-PSP）7.28 億歐元和歐洲智能能源專項計劃（IEE）7.27 億歐元。這三個計劃有各自的管理結構，各自制定目標以利於在各自領域內提高企業創新能力和競爭力。其中企業與創新計劃由「歐盟競爭與創新框架計劃」委員會負責實施，通過風險投資和貸款保障向中小企業提供資金以激勵創新，包括創新文化的培育、與其他企業的創新合作、生態創新等。信息通信技術支撐專項計劃由信息通信技術管理委員會負責實施，目標是發展歐洲信息空間，增加對信息通信技術的投資以鼓勵技術創新。歐洲智能能源專項計劃由競爭創新執行署（Executive Agency for Competitiveness and Innovation）負責管理，主要任務是加

強能源的有效合理使用。企業是歐洲研究區的重要行為主體，競爭與創新框架計劃的三個專項計劃通過提高企業創新能力對歐洲研究區的建設提供支持。

（五）風險分擔金融工具

為了吸引私有資本投資研究開發和創新活動，提高全社會的研發投入強度，歐盟委員會在「第七框架計劃」中創新了財政資金的使用方式，將無償資助方式改為了風險補償方式，撥出專項資金作為貸款風險補償金，和歐洲投資銀行（European Investment Bank，EIB）合作建立風險分擔機制，聯合設立風險準備金，開發了一個風險分擔金融工具（Risk-Sharing Finance Facility，RSFF），用以降低金融機構支持研究開發與創新活動的融資風險。目的是提高銀行向較低資信級別的研發和創新項目提供貸款或擔保支持的能力，使歐洲投資銀行為那些具有較高風險的研發與創新項目提供貸款融資成為可能。融資對象包括：科研基礎設施的所有者和經營者、參與技術開發和設施建設的供應商及致力於將科研基礎設施商業化服務的機構。歐洲投資銀行的 RSFF 貸款所支持企業的信用等級範圍遠遠低於歐洲投資銀行普通貸款對客戶的資信要求。如果沒有歐盟和歐洲投資銀行推出的 RSFF 貸款，這些企業是不可能獲得銀行貸款支持的，尤其是那些大量未上市和未評級的小型或者中型企業，這些類型企業的信用等級較低，承擔的研發與創新項目的風險較大。因此，RSFF 使得那些風險較大、資信較低的研發與創新項目可以獲得銀行貸款的支持。

RSFF 積極發揮歐盟預算資金的槓桿作用，促進公共機構和私人機構在研究和創新方面獲得融資，吸引更多的社會資金用於研究開發和創新，從而增加歐盟的研發和創新投入。2007—2013 年，風險分擔金融工具對科研基礎設施投入了 2,000 萬歐元，歐洲投資銀行相應提供了 20 億歐元的貸款[1]。RSFF 在歐洲研究區建設中通過發揮其資金槓桿作用，對歐洲研究區建設提供了資金支持。

二、平臺工具

歐洲研究區的治理要處理好橫向關係的協調及縱向關係的協調，其中有幾類關係最重要，分別是歐盟及成員國之間的關係、成員國之間的關係、創新相關機構的關係，創新相關機構中又需要協調公共部門和私營部門之間的關係。這些關係是交織在一起的，比如創新相關機構之間的關係又可能涉及成員國之間的關係。歐洲研究區建設過程中各主體針對錯綜複雜的關係網絡設計了一系

---

[1] 段小華，劉峰. 歐洲科研基礎設施的開放共享：背景、模式及其啟示 [J]. 全球科技經濟瞭望. 2014（1）：68.

列治理工具來協調各種關係。

(一) 加強歐盟及成員國之間的協調

1. 歐洲研究區網絡計劃

2003年在科技研究委員會（CREST）的會議上提出了「歐洲研究區網絡計劃」（ERA-NET），旨在協調成員國及地區的研究活動，促進國家研究項目的開放。其協調行動於2004年早期開始開展，它為成員國研究項目之間形成網絡化聯繫和成員國開展跨國合作提供支持，鼓勵具有共同目標的國家研究項目建立長期、緊密的聯繫。其短期目標是為區域、成員國和歐盟之間交流各自在研究項目中累積的好的實踐經驗和觀點提供便利。長期目標是期望引導各成員國之間的研究項目開展更具持續性的合作，包括：共同制定戰略規劃和進行共同研究項目的設計；成員國對其他成員國研究者開放國家研究項目；成員國之間開展互惠合作；開展由多國共同資助的跨國研究項目。「歐洲研究區網絡計劃」覆蓋科學技術的任何領域，採取自下而上的執行方式，不對任何科研領域設置優先權。

「歐洲研究區網絡計劃」下的研究項目具有的特徵為：有戰略規劃；在國家或區域層面執行；由國家或區域的公共機構或與之密切相關或被其授權的機構資助和管理。歐洲研究區網絡計劃一般通過四個步驟執行：

第一，對現有項目交換信息並交流有益經驗。加強各國與各地區之間的交流，加強相近科技領域的項目管理者之間的交流與信任。

第二，進行共同戰略問題的識別與分析。對未來有可能發展成跨國項目的研究活動進行識別和分析；對研究網絡化行為的實踐和相互開放機制進行分析；研究跨國合作的障礙；識別研究的新機會和有待彌補的研究空白點；探索共同評價系統的構建；識別共同利益的範圍；確認相互的互補性。

第三，發起國家或地區項目的聯合行動。例如：探索國家級或區域級資助項目的合作機制；建立多國評價機制；開發聯合培訓項目；嘗試製訂互相開放設施和實驗室的方案；探索人員交流方案；嘗試制定具體的合作協議和安排；制訂行動方案等。

第四，聯合跨國研究活動的實施。例如：建立一個共同的戰略、聯合工作的方案、試點活動、共同的（相互開放的）或聯合的行動倡議、共同的多國評價體系、共同的成果或經驗的傳播方案等。「歐洲研究區網絡計劃」為網絡化行動提供資金支持但不對研究項目本身進行資助。最終這些協調行動將使有關國家的科學和工業研究團體在它們各自國家項目的資助下開展跨國研究項目或行動。

「歐洲研究區網絡計劃」的推進是一個循序漸進的過程，它最初是「第六框架計劃」的一個組成部分，目標是在成員國和聯繫國開展的國家級或地區級的研究活動之間建立聯繫與合作。通過共同行動方案來支持國家或地區開展的研究行為的網絡化，同時支持國家和地區研究項目的相互開放。「歐洲研究區網絡計劃」通過促進歐洲範圍內研究項目的一致性和協調性能夠推動歐洲研究區的實現。在「第六框架計劃」下，「歐洲研究區網絡計劃」在減少歐洲研究區的研究分散性方面取得了一定進步，超過1,000個項目所有者和項目管理者參與了71項「歐洲研究區網絡計劃」行動，涉及幾百個國家研究項目。「歐洲研究區網絡計劃」在「第七框架計劃」下主要是通過ERA-NET行動和ERA-NET+兩個特別行動來加強國家和地區研究項目的協調。ERA-NET行動為參與者執行公共研究項目提供一個共同的框架以協調他們的行為。ERA-NET+針對具有高歐洲附加價值的有限數量的課題，對國家和地區間的聯合投標提供額外的資助。「地平線2020」下，ERA-NET定位為加強公共機構之間建立夥伴關係的工具，將ERA-NET和ERA-NET+合併為一個工具，焦點從資助研究和創新活動的網絡化轉為對具有高歐洲附加值並屬於「地平線2020」確定的研究領域的多國研究和創新統一聯合行動進行補充資助。

歐洲研究區建設中，協調成員國及其地區間的研究活動是一個重要的發展層面，「歐洲研究區網絡行動計劃」在推動成員國研究與創新項目合作、加強成員國之間研究網絡的形成方面起到積極的作用，是推動歐洲研究區建設的重要工具。

2. 聯合項目行動

歐洲國家從事的很多研究項目都是世界最前沿的，研究力量也是世界一流的。但是在應對諸如氣候變化、能源危機等重大社會挑戰時，成員國憑一國之力無法解決問題。在歐洲，大量的研究項目在成員國獨立開展，既造成不必要的資源浪費又影響研究效率。歐盟委員會希望能找到一種新途徑使成員國之間加強合作，更好利用歐洲有限的公共研發資金。2007年4月，歐盟委員會發布《歐洲研究區：一種新視角》的綠皮書後廣泛進行公共諮詢並由專家組認真研究，希望能通過開展聯合項目使目前的歐洲研究合作現狀得到改進，在明確的原則和透明的高水準治理下，在自願的基礎上，在成員國之間建立有活力的合作夥伴關係。在此基礎上，歐盟委員會2008年6月在題為《研究中的聯合項目：團結合作以更有效應對共同挑戰》的通訊中提出相關政策建議，部長理事會於2008年11月採納了其建議並同意啓動「聯合項目行動」（Joint Programming Initiatives，JPI）。2010年3月，歐盟委員會啓動了「歐洲2020戰

略」行動,作為其中創新聯盟旗艦計劃的一部分內容,歐盟委員會希望「聯合項目行動」能夠在研究領域至少發揮像「框架計劃」一樣的重要作用,發展成員國和地區的聯合項目,促進歐洲研究區建設的完成。

「聯合項目行動」在吸納歐盟國家以往合作項目經驗的基礎上設立,採用「自下而上」的決策方法,需要成員國的高度承諾。聯合項目的研究領域由「聯合項目高級組」確定,高級組的成員由成員國和歐盟委員會在徵詢利益相關者建議的基礎上提名。在高級組意見的基礎上,歐盟委員會提出建議,再由歐盟理事會推薦部分建議優先執行聯合項目的領域。成員國選擇要參與的項目,各成員國自由組合開展行動。對每一個「聯合項目行動」計劃,參與的國家要進行以下步驟:第一,設立參與國的共同目標。第二,確定戰略研究日程(Strategic Research Agenda, SRA),設立專門的可測量的、可行的、相關性高的、具有實效性的目標,簡稱SMART (Specific, Measurable, Achievable, Relevant and Time-Bound) 目標。第三,分析可選擇的方案,評估可預測到的影響,確定可使用的最佳工具。

歐盟委員會為聯合項目的開展提供便利,如果需要可以通過某些方式對成員國進行支持:第一,對其管理活動進行資金支持;第二,對每一個聯合項目的戰略研究議程確定的參與國所執行的行動採取可能的補充措施;第三,由歐盟委員會作為歐盟的代表為聯合項目行動與一些國際行動和國際機構建立聯繫;第四,將聯合行動計劃的進展報告給歐盟理事會並通知歐洲議會。

目前,歐盟國家已經在氣候變化、健康、商品安全等相關領域開展了十餘個聯合項目行動。聯合項目行動通過加強成員國之間在研究與創新項目上的合作增進了成員國之間的聯繫,為歐洲研究區的順利建設打下良好基礎。

3. 靈活專業化平臺

歐盟委員會在2012年建立了「靈活專業化平臺」(Smart Specialisation Platform, S3 Platform) 以支持歐盟國家和地區打造並發展它們的靈活專業化戰略。這個平臺通過「自下而上」的方式為成員國及地區相互學習,分享設施、技術和實踐經驗提供了便利。截至2014年6月,已經有超過150個歐盟地區和15個歐盟國家在平臺上登記,而且絕大多數已經至少參加過一次相互學習和分享活動。這個平臺已經開放了自己的同行評審方法,允許大約60個歐盟地區和國家提交它們靈活、專業化的戰略給其夥伴和專家,等收到反饋後再決定採取進一步的合適行動。這是目前歐盟委員會在區域研究和創新戰略方面最全面的支持相互學習的工具,而且被證明已經得到利益相關者們的高度認可。

成員國之間是有差異的,歐洲研究區是在成員國靈活專業化創新戰略的基

礎上協調成員國的研究與創新系統，從而打造歐盟的泛區域創新系統。「靈活專業化平臺」是促進歐洲研究區建設中各成員國研究與創新系統協調發展的有效工具。

4. 185條款行動

《歐洲聯盟運行條約》中的185條款允許歐盟參加由若干成員國共同開展的研究項目，包括參與項目執行框架的制定。依據此，「185條款行動」（Art. 185 Initiatives）於2008年6月23日被歐盟理事會和歐洲議會正式批准。「185條款行動」是將歐盟、成員國和地區的研究整合成一個共同的研究項目，將歐盟、成員國和地區的資源整合在一起投入研究項目中。如其中的「EMRP計量學行動」吸納了歐洲範圍內在計量學領域44%的科研資源。「185條款行動」的項目評定標準包括：與歐盟目標相符，目標明確並與框架計劃目標相關，具備一定的先期研究基礎，具有歐洲附加值，充分考慮項目的規模、數量及其所涉及科研活動的相似性，執行185條款是實現目標最合適的途徑。在行動中，歐盟為聯合項目和執行組織的建立提供資金支持。「第六框架計劃下」確定了一個「185條款行動」，為「歐洲和發展中國家臨床試驗合作」。「第七框架計劃」確認了四個「185條款行動」領域，分別是關於使用新信息技術以提高老年人生活質量的聯合研究項目（AAL）、波羅的海研究領域的研究項目（Bonus）、計量學領域的研究項目（EMRP）、研究中小科技企業及其合作夥伴的聯合研究項目（Eurostars）。「185條款行動」下，歐盟資助的資金由「專門執行機構」（Dedicated Implementation Structure，DIS）負責管理，這個機構負責聯合項目的管理、資金安排和合同管理。「185條款行動」增強了歐盟與成員國在科研項目中的聯繫，提高了歐盟在成員國聯合項目中的影響力。

（二）加強創新相關機構之間的協調

1. 歐洲創新與技術研究院

教育、科研和生產被譽為「知識三角」，科研產生新知識，教育傳播知識，生產運用知識。創新的實現在於「知識三角」的有效配合，而歐盟一直存在創新力量分散、產學研結合鬆散的問題。為了有效整合「知識三角」，歐盟於2008年成立了歐洲創新與技術研究院（European Institute of Innovation and Technology，EIT），開創了管理新模式，將教學、研究與創新融為一體，整合歐盟各國高等院校、創新企業和科研機構的創新力量，開展公私合作，培養同時具備創新和創業能力的創新人才，旨在促進從創意到產品、從研究到市場、從學生到企業家的聯繫，並且加快研究和創新成果的市場轉化以適應快速發展的社會以及不斷出現的挑戰。歐洲創新與技術研究院是一個獨立法人，由管理

委員會和一批「知識與創新共同體」兩個層面構成，管理委員會是最高管理和決策機構，委員是來自歐盟各成員國企業界、科研界和高等教育界的知名專家，委員會負責戰略制定、評估以及預算管理等。「知識與創新共同體」（Knowledge and innovation communities，KICs）也是法人組織，由大學、研究部門的優秀團隊和企業界的利益相關者共同組成，是由創新相關主體組成的夥伴合作組織，以公私夥伴合作機制為基礎，實現了研究機構、企業與高等院校的有效合作。歐洲創新與技術研究院規定「知識與創新共同體」要包括三個以上的夥伴機構且必須屬於三個不同成員國，其中必須包含至少一個高等教育機構、一個研究機構和一家私營企業。歐洲創新與技術研究院的資金來源為歐盟及成員國的官方投資和產業界投資，也注重吸引和鼓勵私人資本投入技術研究領域。歐洲創新與技術研究院是推進創新主體之間跨國、跨部門合作的有益探索。通過建立並完善高等院校、研究機構和企業的合作機制對歐洲研究區的建設起到積極的推動作用。

2. 歐洲技術平臺

2003年3月，歐洲理事會號召建立「歐洲技術平臺」，將產業界、政府和金融機構、研究機構聯繫在一起制定前沿科技的戰略發展議程。隨後，歐洲技術平臺（European Technology Platforms，ETP）正式成立，為公共研究機構、企業、基金機構、用戶、監管機構和政策制定者等公私部門開展有效的合作提供了平臺，聯合成員國和地區政府、企業、研究機構和投資機構等相關各方共同確定有重大經濟和社會意義的戰略研究議程。「歐洲技術平臺」遵循「自下而上」的原則，它由企業牽頭，充分重視產業界的意見，聯合各創新相關主體研究並提出能促進歐盟經濟增長、提升競爭力，實現可持續發展的中長期重大戰略科技規劃。「歐洲技術平臺」的建設一般包括三個階段：第一，企業聯合各相關機構，對重大戰略性技術發展的遠景達成共識；第二，相關各方在技術發展遠景的指導下制訂戰略研究計劃（Strategic Research Agenda，簡稱SRA），提出中長期發展目標；第三，各方調動人力和資金資源執行戰略研究計劃。技術平臺的主要目的是影響歐盟、成員國及地區的研究政策，鼓勵政府和私人部門對關鍵技術領域的研發和創新進行投資，有利於協調歐盟、成員國、地區、企業、研究機構各方的行動。一方面能夠使歐盟及成員國的研究計劃更符合產業發展的需求，另一方面能夠吸引更多的社會資源投入科研中。目前，一共有38個「歐洲技術平臺」，涉及生物經濟、能源、環境、信息通信技術、生產流程、交通運輸等領域。

3. 歐洲聯合技術行動

歐盟一直存在產業界和研究機構聯繫不密切的問題，一方面，產業界的研發能力不足，在技術方面顯得滯後；另一方面，研究機構沒有對有市場潛力的項目進行研究，其研究成果不能滿足產業界的需求。歐盟要想真正轉變為需求刺激的創新政策，實現研發投入占 GDP 的 3% 且其中 2/3 來自於私人投資的目標，必須加強產業界和研究機構之間的聯繫。歐盟在「第七框架計劃」中推出了「聯合技術行動」（Joint Technology Initiatives，JTI），首次在重大科技專項中引入私人資金，在一些涉及歐盟長遠發展的戰略領域，由公共資金和私人資金共同完成重大的科學技術項目。這一舉措有利於加強產業界和研究機構之間的聯繫。「聯合技術行動」的成立來自於歐盟倡導的「歐洲技術平臺（ETP）」。由於「歐洲技術平臺」中各相關主體的關聯度不夠緊密，不利於戰略研究計劃的實施，因此歐盟在其中精選一些議題由公私合夥的形式來實施，「聯合技術行動」使企業、政府和研究機構的合作更緊密。

4. 歐洲創新夥伴行動計劃

根據「歐洲 2020 戰略」的七大旗艦計劃之一的「創新型聯盟」確定的任務目標，歐盟委員會於 2012 年 2 月 29 日通過決定，推出「歐洲創新夥伴行動」計劃（European Innovation Partnership，EIPs），主要針對社會面臨的共同挑戰，加強創新公私夥伴關係，統籌公共和私人創新資源，關注整個創新鏈條，促進各相關行業的協同發展，共同應對經濟社會挑戰，促進經濟增長和擴大就業。

「歐洲創新夥伴行動」主要選擇影響社會發展的關鍵領域，目前有五大創新夥伴行動，包括原材料創新夥伴行動、農業可持續發展及生產率創新夥伴行動、積極健康的老齡化創新夥伴行動、智慧城市和社區創新夥伴行動、水資源創新夥伴行動。這些領域牽涉面廣、觸及行業眾多，需要統籌公共和私人的創新資源，增加投入，加強創新公私夥伴關係，「產學研用」相結合。「歐洲創新夥伴行動」致力於平衡相關參與方的利益權責，清除創新鏈條上的缺陷，及時調整並完善政策和標準，加速研發創新成果的商業化。

「歐洲創新夥伴行動」的管理方式是以歐盟委會負責該領域的委員為領導，各成員國（部長級）、歐洲議會、企業界、科技界和相關機構代表組成的領導小組。由領導小組及其下設的專家委員會研究和確定需要採取的行動計劃及具體措施，包括：第一，新型技術的研發創新；第二，知識成果的轉移及轉化；第三，擴大創新技術及產品的市場需求；第四，調動公私夥伴研發創新的積極性。「歐洲創新夥伴行動」並不是對現行政策框架或研發創新計劃的替

代,而主要是為公共和私營夥伴提供加強研發創新合作的機制。2013年,歐盟委員會成立了獨立的專家組來評估「歐洲創新夥伴行動」的進展和運行情況,以全球化的視角評價其理念和方法,總結經驗教訓,確定未來的發展方向。

由於存在信息不對稱等造成市場失靈的因素,再加上創新具有高度的不確定性,很難預測市場前景,創新鏈條上的相關行為主體共同合作有利於彌補市場失靈缺陷,提高創新能力。研究表明,合作研究和開發比不合作的研發更具創新性,對於複雜性高的跨學科領域更是如此。因此,以上這些工具對歐洲研究區的發展具有積極的意義,有利於加強創新主體之間的合作從而提高歐洲研究區的整體創新能力。

三、促進科研人員流動的工具

促進研究人員在歐洲研究區內跨國、跨部門自由流動是歐洲研究區優先發展的領域之一,研究人員的自由流動有利於促進知識的自由流動,也有利於提高研究人員的科研和創新水準,有利於加強創新主體之間的交流與合作。

(一)瑪麗·斯克沃多夫斯卡·居里行動

促進研究人員跨國流動是「框架計劃」的一個主要目標,「第一框架計劃」已經發起了「瑪麗·居里行動」(Marie Curie Actions),向研究人員提供個人資金,資助他們到另一個歐洲國家從事研究工作。從2014年1月起,為了更好地紀念偉大的科學家居里夫人,「瑪麗·居里行動」改名為「瑪麗·斯克沃多夫斯卡·居里行動」(Marie Skłodowska-Curie Actions,簡稱MSCA)。這項行動在不同的「框架計劃」下,行動內容有所不同,但基本行動目標是一致的,致力於推動科研人才的流動,吸引更多有良好教育和培訓背景的科研人員和學者到歐洲進行研究交流以推動歐洲研發和創新活動。該計劃不預定主題和優先發展領域,積極推動私營部門參與,注重國際合作,重視性別均衡。這項計劃在「地平線2020」計劃期間的總預算為61.62億歐元,支持基於提高創新技能的培訓和研究職業生涯的規劃。該計劃資助追求卓越研究的研究人員進行世界範圍的流動和跨部門流動,不限定研究領域。MSCA鼓勵人才的跨國、跨部門、跨學科流動,有針對各個研究生涯階段的資助項目,從博士畢業生到有豐富經驗的研究者都可以根據要求申請資助。MSCA將成為歐盟最主要的博士生培訓項目。除了加強國家間研究人員的流動性外,MSCA還試圖清除現實存在的及未來可預見的阻礙學術界和其他部門特別是企業界研究人員流動的障礙。

MSCA 主要包括四類內容：

研究網絡（Research networks）：在不同國家的高校、研究中心和企業間建立創新培訓網絡以培養新生代研究者。

個人獎學金（Individual fellowships，IF）：支持有經驗的研究人員跨國流動以及在學術界之外工作。

研究和創新人員的交流（Research and Innovation Staff Exchanges，RISE）支持國際合作和部門間合作。

共同資助（Co-funding）：為地區級、國家級和國際級的研究者培訓和跨國流動項目提供資金。

MSCA 還資助「歐洲研究者之夜」（European Researchers' Night）的活動，這是一個歐洲範圍的公共活動，目的是推廣快樂科學和樂趣學習理念，使普通公眾更瞭解研究工作，於每年9月的最後一個周五舉行，30多個國家的300多個城市參加這個活動。活動主要通過互動和廣泛參與的方式展示研究者對社會和日常生活的影響，使年輕人及其父母對研究工作更感興趣。

MSCA 發起以來，成千上萬的研究人員參與，他們跨越國界和部門開展合作研究，在學術界、工業部門和公共研究機構之間，形成了大量的合作聯繫，有效推動了研究人員的自由流動。在多年的發展中，MSCA 由人員交流項目逐漸發展成促進研究人員流動、加強研究人員培訓、改善研究職業條件的重要工具。「瑪麗·斯克沃多夫斯卡·居里行動」雖然不是為建設歐洲研究區而創立的工具，但它多年來一直致力於促進研究人才的交流，並隨時代發展不斷豐富其內容，通過促進人員流動、改善歐洲研究環境、培養研究人才為歐洲研究區的建設做出積極貢獻。

（二）歐洲研究區席位行動

「歐洲研究區席位」行動（ERA Chairs）是歐盟為填補地區研究和創新「鴻溝」的又一舉措，目的是幫助較落後的成員國、聯繫國和地區提高研究的卓越性。優秀的研究者能對研究機構的工作成效和文化氛圍產生決定性影響，但是有些發展水準較低的機構尤其是較落後成員國和地區的研究機構由於缺乏研究資金、體制僵化以及研究資源有限等缺陷造成不能吸引優秀的研究者加入。「歐洲研究區席位」行動將為高質量的研究人員和研究管理者創造合適的條件和機會到有意願和潛力提升其研究卓越性並改進其研究和創新前景的研究機構中參與研究。「歐洲研究區席位」試點的倡議於2012年12月18日發起，進一步普及「歐洲研究區席位」的行動倡議於2013年12月11日在「地平線2020」計劃下發布，這一行動將得到33億6千萬歐元的經費。如果高校或研

究機構的發展計劃與歐洲研究區的優先發展領域相符，遵守《歐洲科研人員憲章》和《招募科研人員行為準則》，能很好利用已有的研究資源，目前參與框架計劃的水準較低，但被證明有開展卓越研究的潛力和具體的發展計劃，可以遞交申請，如果被選中，歐盟委員會就選派優秀的研究者——「歐洲研究區席位」的持有者和他/她的研究團隊前往。「歐洲研究區席位」的持有者必須採取措施使機構將來可以在專業的領域提高研究水準以能夠廣泛參與國際競爭並取得成功①。這一行動將優秀的研究者帶入欠發達地區有發展潛力的大學和其他類型研究機構中，有利於解決歐洲研究區建設中面臨的各區域創新能力發展不平衡問題。

四、監督工具

在歐洲研究區的建設中，監督機制是必不可少的。為了歐洲研究區能順利建成，實現預定的發展目標，歐盟委員會在其監督機制上不斷探索和完善。在2012年，歐盟委員會提出要建立歐洲研究區自動監督機制，監督歐洲研究區改革和執行情況，並將情況及時反應給歐盟理事會、歐洲議會和科學界，將他們的反饋意見作為未來做決策的客觀依據。監督機制的數據來源於官方統計數據及通過廣泛開展的調查研究所獲取的資料。

（一）創新聯盟記分牌

歐洲研究區的評價報告中採用了很多「創新聯盟記分牌」報告中的數據和結論。依據2000年提出的「里斯本戰略」而建立的「歐洲創新記分牌」（European Innovation Scoreboard，簡稱EIS）是一個綜合創新評價指標體系，對歐盟和各成員國的創新績效進行評價，並且比較歐盟與世界上其他創新經濟體的差距，對各成員國的創新政策和創新成果進行研究和評估，定期出版分析報告。後來，為確保創新政策的有效執行，歐盟對原有評估各國創新表現的「歐洲創新記分牌」進行了改造，改為「創新聯盟記分牌」（Innovation Union Scoreboard，簡稱IUS）。2011年2月，歐盟委員會公布了第一個「創新聯盟記分牌」的報告。「創新聯盟記分牌」分三大類、八個維度、二十五個與研究和創新相關的指標。三類指標分別為創新驅動力、企業活力和產出；八個維度分別是人力資源、研究體系的開放性、卓越性和吸引力、金融支持、企業投資、企業聯繫與創業能力、智力資本、創新者、經濟影響。評價範圍涵蓋歐盟所有成員國，外加塞爾維亞、土耳其、冰島、馬其頓共和國、挪威和瑞士，此外，

---

① 此計劃針對的研究機構為非營利性質，以開展科技研究為主要任務的機構。

還涉及澳大利亞、巴西、加拿大、中國、印度、日本、俄羅斯、南非和美國。

「創新聯盟記分牌」將歐盟成員國分為創新領導者、創新追隨者、中等創新國家和適度創新國家四類，分別為創新水準高於歐盟平均水準的、接近歐盟平均水準的、低於歐盟平均水準的和遠低於歐盟平均水準的國家，通過歸類有利於成員國清楚認知自己的創新水準，並可以比較歐盟內部各成員國的創新差距情況，幫助成員國瞭解其創新優勢和弱點之所在，進而努力提高其創新績效。通過這樣的評價方式可以增進成員國之間的瞭解，推廣歐盟中好的創新實踐經驗，並幫助成員國評定他們需要集中力量增強創新能力的領域，及時分析自己的不足，加強改革。同時，通過與世界上其他創新經濟體的比較可以使歐盟和成員國瞭解歐盟在世界上的創新競爭力，進一步為歐盟各成員國團結一致共同建設歐洲研究區增加動力。

（二）歐洲學期

「歐洲學期」的實質是一種經濟政策協調機制，旨在及早發現歐盟經濟發展中存在的問題，盡量防患於未然。根據「歐洲學期」機制，歐盟成員國的預算方案和改革計劃不能自行決定，要提交歐盟委員會審議。歐盟已經將成員國關於歐洲研究區建設的改革置於「歐洲學期」的監督之下。歐盟理事會要求，成員國要根據本國的特點制定其為實現歐洲研究區需要在國家層面採取的相關改革措施並將其內容體現在國民經濟改革方案中，從 2013 年開始接受歐洲學期的監管。在歐洲研究區的建設中，成員國政府必須致力於發展 2012 年確定的歐洲研究區建設的五大優先領域，並將具體發展措施體現在本國國民經濟改革方案中，並納入歐洲學期的監管下。如果成員國在預算方面和經濟改革方案中對五大優先領域沒有具體的實質性安排，歐盟委員會將指出並提供發展意見。這項措施使得歐盟層面對歐洲研究區建設的政策引導作用加強，保證了歐洲研究區建設在成員國層面的開展。

（三）歐洲研究區發展報告和路線圖

歐盟從 2013 年開始，每年發布《歐洲研究區發展報告》，至今已經發布了三版，分別是《歐洲研究區發展報告 2013》《歐洲研究區發展報告 2014》和《歐洲研究區發展報告 2016》。發展報告定期用大量的事實和數據評價歐洲研究區所確立的幾大優先發展領域的建設情況，並對各主體分別提出進一步發展建議。從內容上看，每次的報告有所側重，越來越細緻。2013 年的報告主要評價了歐洲研究區幾大優先發展領域的建設情況，2014 年的報告進一步對成員國和與研究相關的利益機構對歐洲研究區政策的執行情況進行了比較，2017 年發布的《歐洲研究區發展報告 2016》更是首次對每個國家的每一個優先發

展領域進行了評價。每一次發展報告的發布都是在廣泛調查的基礎上進行的，調查問卷設置的問題也是在廣泛徵詢意見的基礎上不斷進行調整和完善，力求使指標能夠盡量全面反應歐洲研究區的建設情況。在歐洲研究區建設過程中，通過發布《歐洲研究區發展報告》，定期對歐洲研究區的發展情況進行回顧和評價，能及時發現發展中遇到的問題，以便各主體在未來參與歐洲研究區建設時能及時調整方案。《歐洲研究區發展報告》可以看作歐盟對歐洲研究區建設的監督工具之一，對歐洲研究區建設的各參與主體進行評價，也是一種「點名機制」，使參與歐洲研究區建設的所有主體從報告中發現各自的差距和不足，及時制定各自的未來發展方案。

歐盟的性質決定歐盟的監督只能是「軟監督」，無論是創新聯盟記分牌、歐洲學期還是定期發布發展報告，其實質都是「點名機制」，即便成員國在歐洲研究區建設方面沒有達到預期的進展，也難以有具體懲罰措施。

五、信息服務工具

當今時代是信息化快速發展的時代，在歐洲研究區的建設中，信息化工具必不可少。通過網絡平臺可以發布各類信息，提供即時服務和交流，通過信息系統可以促進信息的及時傳播和共享。在歐洲研究區的建設過程中，信息服務工具將發揮越來越重要的作用。

（一）歐洲科研人員網絡

公開招聘能夠使科研機構選拔到最優秀的合適人才，也能夠促進作為知識載體的研究者進行有效流動。「歐洲科研人員網絡」（EURAXESS）是建設歐洲研究區過程中的一項創舉，是歐盟委員會啓動的促進科研人員在歐洲範圍自由流動的一個網絡服務工具。它為歐洲科研人員和希望到歐洲工作的非歐洲籍科研人員提供信息和服務，有利於科研人員在歐洲範圍內實現自由流動並吸引非歐洲籍研究者到歐洲工作，有助於實現歐洲研究區中研究人員的供需平衡。EURAXESS 發展很快，目前參與 EURAXESS 計劃的有 40 個歐洲國家。2010 年時，在 EURAXESS 有 7,500 個工作信息，到 2013 年就已經增加到 40,207 個職位信息。在科研人員的國際流動中，對要移入國家的移民政策、社會保障政策、科研人員待遇和工作條件等的信息缺乏是影響科研人員流動的重要因素，針對此問題，EURAXESS 不僅提供職位信息，還提供科研人員關注的其他相關信息及遷移服務，並在世界範圍內建立了多個工作點進行服務，解決了有意願到歐盟工作的科研人員的後顧之憂。

EURAXESS 致力於以下四個方面的工作：

就業（EURAXESS Jobs）：EURAXESS 免費提供全球範圍內與科研相關的招聘信息、資助計劃、合作夥伴信息等。科研人員可以免費登記簡歷，企業和研究機構可以免費發布招聘信息並獲取科研人員的簡歷。用戶也可以通過直接登陸 EURAXESS 的成員國的網頁來獲取每一個國家的招聘信息、資助計劃和人力資源服務信息。這項服務既能促進科研人員的就業和工作流動，又有利於企業和研究機構在招聘中採用公開、透明和以能力為重的招聘原則，招聘到所需要的人才。

服務（EURAXESS Services）：EURAXESS 在四十個歐洲國家設有五百多個服務中心，為科研人員及其家人免費提供幫助，協助他們遷移或暫居到外國，主要業務範圍包括簽證申請、社會保障、住宿、幼兒園、學校、語言課程以及醫療保健等。

權利（EURAXESS Rights）：提供有關《歐洲科研人員憲章》《招募科研人員行為準則》的信息，這兩個文件規定了科研人員、雇主、資助方等方面的規章與義務，同時提供各國准入條件以及有關社會保障和保險金的信息。

網絡（EURAXESS Links）：是聯絡在海外工作的歐洲科研人員以及希望到歐洲從事科研工作的非歐洲籍研究人員的平臺，目的是向全世界推廣歐洲科研並鼓勵科技合作。如 EURAXESS 中國網絡（EURAXESS Links China）專為在華歐洲科研人員以及有興趣與歐洲建立研究合作關係的中國科研人員建立關係網，提供相關資訊。目前，EURAXESS 已經在東盟四國（印度尼西亞、馬來西亞、新加坡、泰國）、巴西、中國、印度、日本和北美建立了工作點。

「歐洲科研人員網絡」通過提供完善的信息和服務，在促進歐盟人才流動方面發揮了越來越重要的作用，通過不斷的發展，其在歐盟成員國間及國際上的影響度不斷提升，平均每天為求職者提供約 10,000 個工作機會，為促進國際人才流向歐盟起到了重要作用。在歐洲研究區建設中，EURAXESS 促進了研究人員的流動並增進了世界優秀科研人員對歐盟的瞭解，促進了公開、透明、以能力為重招聘原則的貫徹實施。

（二）國家研究綜合政策信息系統

國家研究綜合政策信息系統（ERAWATCH）是一個由研究和創新總司與聯合研究中心共同管理的戰略性信息服務系統，主要目標是支持基於事實基礎的歐洲研究政策的制定並推動歐洲研究區的實現，希望能夠通過這個系統使各個成員國的國家創新系統和區域創新系統的現狀及其運行環境能夠被更好地瞭解。ERAWATCH 提供歐洲層面、國家層面和區域層面研究和創新系統、科技創新政策及歐洲內外的科研項目的相關信息。目前涵蓋 61 個國家的數據，包

括歐盟 28 個成員國、13 個與「第七框架計劃」有協議的國家和 20 個第三國家。ERAWATCH 的信息收集和發布主要由歐盟委員會聯合研究中心的科技展望研究所來負責①。通過 ERAWATCH 能使歐盟內部各層級主體關於研究與創新的信息得到充分交流和共享，有利於歐洲研究區建設中各層級研究與創新系統的協調整合，使各創新主體在瞭解其他主體研究與創新現狀的基礎上通過靈活、專業化的戰略發展自己的創新系統。

(三) 網絡信息系統

網絡信息系統（NETWATCH）是一個歐盟的信息平臺，由歐盟委員會於 2008 年建立，提供跨國研究開發合作項目的信息，支持歐洲的跨國研發項目合作，並對合作項目的影響進行分析，對所形成的研究網絡進行分析和評價。NETWATCH 主要進行以下方面的工作：繪製合作網絡圖；提供聯合倡議的信息；分析合作項目的影響；描述各個研究網絡的範圍和成果；支持跨國項目網絡中的相互學習。

最初，該系統主要關注「歐洲研究區網絡計劃」（ERA-NET）的相關信息，推動歐洲範圍內研究網絡的形成和發展，後來其提供信息的領域逐步擴大，涉及更多的研究與創新行動計劃，目前已經有六十個國家參與其中。網絡信息系統有利於歐洲研究區各主體在聯合研究行動中實現信息交換並進行經驗的交流與推廣，能夠降低跨界項目合作的成本並提高項目執行的效率。

歐洲在一體化進程的推進中，不斷探索歐盟各國科技和創新合作的有效機制，不斷推進歐洲研究區建設，試圖打造研究創新領域的統一市場。為達到此目標，從歐洲研究區提出以來歐盟開發了很多有效的工具，包括通過「框架計劃」、歐洲研究理事會、結構基金、歐盟競爭與框架計劃等基金工具資助研究與創新，推動基礎研究、跨國研究合作及企業創新；通過「歐洲創新與技術研究院」探索有效整合教育、科研和生產的機制，整合歐盟各國高等院校、創新企業和科研機構的創新力量，開展公私合作，培養創新人才；通過「歐洲研究區網絡計劃」行動打造歐盟各國研究網絡，通過「聯合項目計劃」「歐洲技術平臺」「聯合技術行動」「185 條款行動」等推動成員國之間的合作以及產學研之間的跨國合作，通過自下而上的方式確定研究戰略方案，充分重視產業界的觀點，提升科技成果的市場轉化率；通過「瑪麗‧斯克沃多夫斯卡‧居里行動」加強研究人員的培訓，促進研究人員跨國、跨區域、跨部門、跨學科的全方位自

---

① 科技展望研究所成立於 1994 年，是歐盟聯合研究中心的七個科學研究所之一，目標是及時監測和分析科學和技術的發展及其對社會各個部門的影響，為歐洲政策制定者提供支持。

由流動。通過「歐洲研究區席位」行動增加科研團隊領袖對落後地區科研機構的指導和幫帶作用。通過開發如 EURAXESS、ERAWATCH、NETWATCH 等專門化的網絡信息平臺加強信息交流與服務。通過「創新聯盟記分牌」「歐洲學期」和歐洲研究區發展報告等監督工具對歐洲研究區的建設及治理情況定期評價，使歐盟和成員國及與創新相關的機構及時調整自己的發展戰略和行動，更好地執行歐洲研究區的建設任務，實現歐洲研究區的建設目標。

歐盟通過使用上述資金工具，加大了創新投入，激勵了各研究與創新主體的創新積極性；通過平臺工具加強了歐盟與成員國之間的合作關係，加強了創新鏈條上各主體的銜接與合作，促進了知識在創新鏈條上的流動，推動了知識的轉化和創新的實現；通過人員交流工具對研究人員的流動和培訓提供資助和服務，提高了研究職業的吸引力；通過構建網絡信息平臺，增加了成員國之間的信息交流並對研究人員提供了信息服務；通過監督工具加強了對歐洲研究區建設效果的監督。各類工具在歐洲研究區建設中發揮了積極的作用，隨著它們影響力的不斷增強，還會進一步發揮更重要的作用。

第四章　歐洲研究區建設進程回顧

從本質上看，歐洲研究區是一個能有效地聯結歐盟各成員國創新系統的歐盟泛區域創新系統，能更好地實現跨國競爭與合作，形成開放的科研人員勞動力市場，崇尚性別平等和性別主流化理念。從不同時期發布的有關歐洲研究區的文件特別是重要的報告尤其是評估報告中可以梳理歐洲研究區的建設進程。歐洲研究區的建設進展與歐盟幾個重大發展戰略是密切相關的。

第一節　歐洲研究區的初始成立階段

一、歐洲研究區的提出

（一）歐洲研究區設想的提出

進入 21 世紀後，從科學與技術的關鍵指標中所反應出來的歐盟的科研與創新能力堪憂。在這種背景下，2000 年 1 月，歐盟委員會在法國斯特拉斯堡舉行會議，討論並通過了由負責研究的委員布斯坎先生提出的題為《建立歐洲研究區——歐盟委員會致歐盟理事會、歐洲議會、經濟與社會委員會以及地區委員會的報告》。該報告提出了建立歐洲研究區的設想與做法，期望通過歐洲研究區建設提升歐洲研究體系的效率和效益。

（二）里斯本會議正式確定建設歐洲研究區

2000 年 3 月 23 日和 3 月 24 日，歐盟各國領導人會聚葡萄牙首都里斯本，歐洲理事會在里斯本舉行了特別會議，在會議上達成了下一個十年的戰略目標，被稱為「里斯本戰略」，共同發出了在十年之內使歐盟成為「世界上最具競爭力的經濟體」的宏偉誓言，致力於在知識經濟時代背景下加強就業，促進經濟改革和社會融合。各成員國對於研究和創新的重要性達成共識，認為研

究和開發在經濟增長、增加就業和社會融合中起著重要的作用，在這次會議上正式提出了要建設歐洲研究區，使研究活動在國家和歐盟層面更好地協調，使研究活動盡可能的高效和有創新性，並確保歐洲對最優秀的人才具有吸引力。

歐洲理事會倡導歐盟理事會和歐盟委員會與成員國為建立歐洲研究區，一起開展有必要的行動，包括：在靈活選擇、自願參與基礎上建立一種有利於國家合作和聯合項目研究的有效機制，以實現成員國科研資源的效益最大化。將所取得的成果向理事會定期報告，到2011年，整理出所有成員國研發方面的優勢並促進這些優勢的傳播。

但是在2000年，歐盟及成員國對於歐洲研究區的概念並不明確，只提出了概念所包含的十個要素，只是為了解決歐洲面臨的問題提出了一個解決問題的設想，雖然提出了七大行動措施，但所提出來的要採取的行動不是很具體，而且有些目標太理想化而不切實際。

二、確定歐洲研究區建設的層次性

歐洲研究區前期建設的階段著重強調成員國之間的合作。隨著歐洲研究區的正式提出，歐盟意識到完成歐洲研究區的建設不僅要從成員國之間的關係層面考慮，還要考慮其國際層面和成員國的區域層面。2001年，歐盟分別從歐洲研究區的國際發展層面和區域發展層面進行了分析，在關於歐洲研究區的區域層面的文件中，強調要重視區域在加強歐洲研究和創新方面的效用，要重視地方科研人員的培養、發揮地方高等院校的作用、促進地方創新型企業的發展、發展區域創新體系等。地區委員會強調地方政府的重要作用，認為應當鼓勵地方政府將其制定的區域政策與國家層面和歐盟層面的政策相協調。在關於歐洲研究區國際發展層面的報告中，強調了歐洲研究區一定是面向世界開放的，在全球化經濟的背景下，歐洲定位的是建立具有世界競爭力的經濟體，只有廣泛開展國際科技合作，才能夠真正提高歐洲的科技創新能力。要通過加強國際交流，使歐洲研究區有能力吸引世界上最優秀的科研人才，並使歐洲的科研人員和科研機構能夠獲取世界上最先進的知識。

三、歐洲研究區概念和目標進一步清晰

2002年3月，在巴塞羅那舉行的歐盟高峰會上，歐盟成員國首腦一致通過了一項令世界普遍關注的重要決議，即到2010年，將歐盟的研發總投入從現在占國內生產總值（GDP）的1.9%提高到3%，其中2/3的投入來自私人企業，被稱為「巴塞羅那目標」。這個具體的數據目標根本目的是促進歐洲的科

技和創新發展。為實現巴塞羅那目標，歐盟將推進歐洲研究區建設作為一個手段。2002 年 10 月，歐盟委員會發布了題為《歐洲研究區：提供一種新動力》的通訊，對歐洲研究區提出 30 個月以來的發展情況做了一個總結和評價，認為通過一個階段的發展，歐盟各界對歐洲研究區的認識更進了一步。歐盟委員會總結了歐洲研究區概念的三個關鍵點：第一，打造真正實現知識、研究者、技術自由流動的歐洲研究的「內部市場」，從而達到加強合作、激勵競爭和優化資源配置的目的；第二，重整歐洲的研究結構，尤其是增加歐洲各國研究行為和政策的協調性；第三，發展歐洲研究政策。

四、重啟里斯本戰略推動了歐洲研究區建設

2005 年，為期兩天的歐盟春季首腦會議於 3 月 23 日在布魯塞爾結束，與會的 25 國領導人正式批准了歐盟委員會提出的「增長與就業計劃」，決定重新啟動旨在刺激歐洲經濟增長和增強歐洲國家競爭力的「里斯本戰略」。重啟里斯本戰略中進一步強調了歐洲科研政策和其他政策在歐盟層面協調的重要性，更加注重治理體系的完善，重申了研發投入占 GDP3% 的目標，區分成員國和歐盟各自的責任，據此要求各自展開具體的行動。在制度層面也取得了重要的成就，如成立「歐洲研究理事會」和「歐洲創新與技術研究院」，歐洲投資銀行對研發的支持進一步加強。歐洲研究區的建設是在「里斯本戰略」之下進行的，因此「里斯本戰略」的重啟也意味著對歐洲研究區建設的進一步推動。「歐洲研究理事會」和「歐洲創新與技術研究院」的成立有利於激勵創新，增進歐洲研究區主體之間的聯繫，為歐洲研究區提供了強有力的治理工具。

總體來看，這幾年關於歐洲研究區的研究不太多，歐洲研究區的建設進展緩慢，還主要停留在明確歐洲研究區的概念和目標階段，採取的具體行動比較少。

第二節　定位明確 具備法律依據

一、建設「第五個自由」

2007 年 4 月，普托可尼克（Potocnik）委員在一次講話中第一次提到了建立與研究相關的「第五個自由」的重要性，「第五個自由」即指知識的自由流通，是在歐盟統一市場實現人員、商品、勞務、資金四個自由流動基礎上進一

步實現知識自由流通。其後相關內容在歐盟委員會得到進一步充實。2008 年 5 月 13 日和 14 日，歐洲理事會做出了決議，號召成員國清除妨礙知識自由流通的障礙，建設「第五個自由」。這也成為了歐洲研究區建設的目標，歐洲研究區要實現像統一市場一樣的歐盟統一研究區域，使知識在其中自由流通。

二、歐洲研究區綠皮書發布

在重啟「里斯本戰略」後的第三年，為了能評價這三年歐洲研究區的建設進展並使歐洲研究區建設在未來一個發展週期有一個明確的定位，2007 年在廣泛諮詢和討論的基礎上，歐盟委員會發布了《歐洲研究區：新視角》的綠皮書，進一步強調了建設歐洲研究區的重要性，進一步明確了其定位和理念。對於歐洲研究區的概念重新進行了闡釋，將歐洲研究區定義為一個歐洲研究的統一市場，研究者、技術和知識在其中自由流通；國家和區域研究行為、研究項目和研究政策在歐洲層面上有效協調；研究行動在歐洲層面上展開並被資助。而且歸納出歐洲研究區應當具備的六大特徵，即實現單一的研究人員勞動力市場、發展世界級研發基礎設施、加強研究機構的力量、分享知識、使研究項目和優先發展順序更優化、向世界開放（在科技領域開展國際合作）。

在綠皮書中提到，歐洲研究區從 2000 年開始建設以來已經取得一定成績，如聯合項目得到不斷發展，成立了歐洲研究理事會，還有像歐洲技術平臺——ERA-NET，在歐洲層面上聯合研究行動，歐洲研究區在歐洲已經成為研究政策制定的一個關鍵參考因素，證明歐洲研究區已經在歐洲被廣為認可和接受。但是歐洲研究區仍然在很多方面需要進一步建設，尤其是在克服歐洲範圍內研究行為、項目和政策的分散性方面。綠皮書中給出了進一步的行動建議，希望能進一步促進歐洲研究區建設的深度和廣度。

三、《里斯本條約》確立法律依據

在 2007 年年底簽署的《里斯本條約》裡有專門的條款闡釋了歐洲研究區的定義以及歐盟和成員國為實現歐洲研究區目標可以採取的行動。《歐洲聯盟運行條約》第 19 編的第 179 條界定了歐洲研究區的定義，使得歐洲研究區的建立有了法律依據。第 180 條列舉了歐盟為實現歐洲研究區的目標應該有的行動，為歐盟的行動提供了法律保障。181 條明確提出歐盟應該與成員國密切合作。185 條進一步明確了歐盟在參與成員國的研究項目中可以參與的內容。

將歐洲研究區相關內容納入《里斯本條約》，證明了歐盟對於歐洲研究區的重視程度，也使歐洲研究區的建設有了法律依據。

第三節　遠景確定 加強治理

一、「盧布爾雅那進程」確定發展遠景

2008 年，歐盟理事會啓動了「盧布爾雅那進程」，對歐洲研究區進行了總體定位，勾勒了一個歐洲研究區的 2020 年遠景，並提出了改善歐洲研究區治理的重要性，希望成員國和歐盟充分利用開放式協調機制，按照歐洲研究區準則進行成員國改革方案的制定，相互學習和監督。加強歐洲研究區的治理應該遵守以下原則：第一，在「里斯本戰略」指導下展開行動，而且要注意與教育、創新等相關政策的關係。第二，要使所有成員國和聯繫國政府、地方管理當局及利益相關者（如高校、研究機構、民間團體、企業）都參與到歐洲研究區的治理當中。第三，為實現共同的歐洲研究區遠景目標，由歐盟和成員國聯合開發高效的信息系統並進行監督和評價體系的構建，在監督下確保所有的行動都能更好實現歐洲研究區的遠景目標。第四，歐盟、成員國、「框架計劃」的協議國應建立長期夥伴關係共同開展歐洲研究區建設，包括行動計劃的制定、行動的開展以及行動的監督和評價。第五，促進歐洲研究區發展的協調性，提高建設效率，避免不必要的行為。

2008 年，歐盟委員會通過一系列的創新夥伴行動進一步加強了成員國之間的合作，成員國將在五個關鍵領域進行合作從而共同推進歐洲研究區的建設，分別是：改進研究者的工作條件和流動性；共同設計和開展研究項目、建造世界級的歐洲研發基礎設施；推進公共研究機構和產業界的知識轉化和合作；在科學技術領域開展國際合作。

在 2009 年，《里斯本條約》的實施為歐洲研究區建設提供了法律保障，使歐洲研究區的建設在歐盟層面和成員國層面進一步得到推進。

二、歐洲研究區與「歐洲 2020 戰略」

2010 年，「歐洲 2020 戰略」啓動，戰略以研究和創新為核心。歐盟委員會將歐洲研究區的建設完全融入以增長和就業為目標的「歐洲 2020 戰略」中，將其作為「歐洲 2020 戰略」下的七大旗艦計劃之首——「創新聯盟」的核心內容。在 2011 年 2 月 4 日的決議中，歐洲理事會聲明歐洲研究區在 2014 年必須完成，要掃除一切障礙創建知識、研究和創新的統一市場。2012 年 3 月 2 日，歐洲理事會又進一步確認該目標，並在 2012 年 6 月和 10 月的報告中

多次明確該目標。歐盟實際很清楚，到 2014 年不可能真正建成歐洲研究區，但是反覆強調這個近期的目標可以讓成員國引起重視，也表明歐盟推動歐洲研究區建設的堅定決心。為進一步支持歐洲研究區建設，歐盟委員會宣布在歐盟和主要研究利益相關者中發起「歐洲研究區協定」，用奎恩（Quinn）委員的話說，這個協定將包含一個基於共同目標的清晰的路線圖，確定了各主體要完成的準確、現實的任務以及完成任務的明確期限。到 2020 年，研究者、知識和技術在歐洲研究區中自由流動，形成繼商品、人員、資本、服務之後成員國之間的「第五個自由流通」，所有的參與者都將受益匪淺。歐洲研究區在促進科研開展及向研發密集型部門投資方面提供了便利條件和高效的治理方式，通過在歐洲範圍內形成基於合作和協調的科研良性競爭創造了顯著的附加價值，滿足了歐洲人民的需求和願望。

2011 年，歐洲研究區委員會在《發展歐洲研究區框架的意見》中分析了歐洲研究區這些年取得的成績以及各種阻礙歐洲研究區實現的可能障礙和問題，提出了可以清除障礙的行動建議。這份意見使得歐洲研究區的目標更加清晰。

第四節　加強夥伴關係 完善監督機制

一、確定歐洲研究區優先發展領域

2012 年 7 月 17 日，歐盟委員會發布了題為《加強歐洲研究區夥伴關係，促進科學卓越和經濟增長》的政策文件，歐盟委員會副主席卡洛斯和歐盟科研委員奎恩出席了發布會並強調了要加快建成統一的歐洲研究區的決心，明確了歐洲研究區的行為主體發展夥伴關係的重要性，這份文件也對歐洲研究區現狀進行了一個分析和評估。這份文件明確將歐洲研究區定義為開放並相互聯繫的歐洲研究系統，在歐盟委員會、成員國和相關利益研究機構之間要建立夥伴關係，這將有利於實現國家政策的協調，消除不必要的重複建設。歐盟委員會還制定了五大優先發展措施，這就標誌歐洲研究區從確定願景階段進入到了制定具體執行措施的實質發展階段。

為推動歐洲研究區建設，歐盟委員會制定了具體措施，要求各成員國執行。歐盟委員會還與重要科研項目及科研資助機構的代表共同簽署了聯合聲明及諒解備忘錄。

根據本次發布的政策文件，歐盟成員國應採取必要措施，確保國家科研和

創新資金在歐盟層面的開放性和流動性（能夠隨著獲資助者的遷移而流動）；各國科研機構的空缺崗位應通過統一的網站發布，並確保招聘程序的開放、透明和公正；各國應採取措施促進歐洲統一專利制度的建立。

二、發展建設歐洲研究區的夥伴關係

2012年7月，歐盟委員會與歐洲研究與技術組織聯合會、歐洲大學聯盟、歐洲研究性大學聯盟、北歐科研合作組織和科學歐洲機構發表了《共建夥伴關係，建設歐洲研究區》的聯合聲明，決定要團結一致，共同推進歐洲研究區的建設。還發表聲明要共同促進科研信息的開放獲取（Open Access），從而促進科研成果的傳播和應用。

2013年12月13日，歐盟負責研發與創新事務的委員奎恩（Quinn）女士代表歐盟委員會，在布魯塞爾歐盟委員會總部同歐盟六大相關利益方組織代表，簽署加速實現歐洲研究區建設目標的聯合承諾聲明。歐盟六大相關利益方組織分別為：歐洲科研與技術組織協會（EARTO）、歐洲大學協會（EUA）、歐洲研究型大學聯盟（LERU）、北歐應用研究合作組織（Nord Forsk）、科學歐洲組織（Science Europe）和歐洲先進工程教育與科研高等學校大會組織（CESAER）。聯合承諾聲明的簽署將進一步強化歐盟委員會同相關利益方組織的夥伴關係，重申對歐洲研究區建設堅定的政治支持，承認六大組織在歐洲研究區建設中的關鍵作用，加速歐洲研究區的建設進程。

歐盟六大相關利益方組織同意，積極參與歐盟科技資源共享平臺建設，積極參與創新、創意、信息和經驗的自由交換與免費獲得，促進人類知識財富的累積和生產更多的科技成果，圍繞「歐盟2020戰略」確定總體戰略目標。目前，歐盟委員會聯合六大組織正在積極制定科學出版物、科研數據和成功實踐案例的公開獲取指導原則。歐盟委員會和六大組織聯合推進的歐盟統一的研發創新框架政策、科研人員跨境自由流動、科研人力資源發展戰略、技術跨境跨行業低成本轉移、研發創新項目評估政策、研發創新支撐區域知識經濟可持續發展、研發創新工程師與企業家關鍵作用行動計劃、縱向的研發創新聯盟和橫向的研發創新網絡平臺及公私夥伴關係（PPP）建設、歐盟層面的大型科研基礎設施建設與部署、新興產業重大專項行動計劃等，也正在有條不紊地執行和實施。

三、監督機制日趨完善

（一）發布歐洲研究區發展報告

從2012年開始，歐盟委員會計劃在歐洲研究區治理中建立歐洲研究區自

動監督機制，用指標來反應歐洲研究區的建設情況，將結果報告給歐盟理事會和歐洲議會以及科學界，作為進一步決策的依據。歐盟委員會在2013年發布了第一個歐洲研究區的發展報告。歐洲研究區開始建設以來，每隔一段時間，歐盟發布的官方文件中都會對之前歐洲研究區的建設情況做總結和評價，在一定程度上起到了監督評價的作用，但提供的基本都是定性描述，沒有事實和數據做支撐。《歐洲研究區發展報告2013》顯示，在實現歐洲研究區目標上已經有了重要進展，並介紹了成員國已經採取的措施及所取得的成就，同時發布《歐洲研究區的實例和數據》，內容詳盡，提供了目前歐盟及成員國方面在幾大優先發展領域開展情況的實例和數據，為2014年的深入評估報告打下了基礎。2014年，在2013年發展報告的基礎上，歐盟發布了《歐洲研究區發展報告2014》，展示了成員國在建設歐洲研究區方面採取的新措施，而且對研究與創新的相關機構關於歐洲研究區行動的執行情況從成員國層次上進行了比較。案例和數據顯示，成員國的國家創新系統更符合歐洲研究區的要求，所有成員國已經制定了國家研究與創新戰略。2017年，歐盟發布了《歐洲研究區發展報告2016》，對2014—2016年歐洲研究區的建設情況進行了評價和分析，第一次對每一個成員國在每一項歐洲研究區優先發展領域的建設情況進行了評價。不僅是像2014年時對成員國的執行情況進行簡單排序，更是將成員國按參與每一項歐洲研究區優先發展領域建設的程度從高到低劃分為四大集群，將差距更加具體化，使成員國能根據報告更清楚地認識到自己的問題，相應地制定和調整本國的歐洲研究區建設方案。

歐洲研究區發展報告是對歐洲研究區建設情況的階段性評價，歐洲研究區的行為主體通過歐洲研究區的發展報告可以瞭解到歐洲研究區在歐盟層面和成員國層面的最新進展，瞭解其他行為體行動開展的效果，歐洲研究區的相關主體可以通過數據找到自身的差距，有目標地進行調整和改進，認清自己下一步的改革方向。歐洲研究區評價體系的發展是歐洲研究區監督機制的一種完善。

（二）將對歐洲研究區的監督納入歐洲學期

2009年年底，爆發於希臘的歐洲主權債務危機波及歐洲的很多國家，給歐洲的發展及歐洲一體化蒙上了厚厚的陰影，充分暴露了歐盟經濟治理中存在的嚴重問題。2010年9月，歐盟成員國財政部長會議決定，從2011年起啟動「歐洲學期」監督機制，從根本上防止希臘式債務危機重演。「歐洲學期」實質上是一種經濟政策協調機制，旨在及早發現歐盟經濟中存在的問題，力求防患於未然。根據「歐洲學期」機制，歐盟成員國的預算方案和改革計劃要提交歐盟委員會審議，而不能自行決定。每個「歐洲學期」始於每年1月，歷時

半年，以歐盟委員會發布《年度增長調查》報告作為起點，報告指出歐盟經濟面臨的主要問題和存在的風險，並提出應對建議。歐盟領導人將在每年 3 月份舉行的歐盟春季首腦會議上對歐盟委員會的建議進行評估並提出戰略性建議。歐盟各成員國需根據這些建議來制訂本國預算和經濟改革方案，並於當年 4 月提交歐盟委員會評估。隨後，歐盟部長理事會將根據歐盟委員會的評估結論在每年 6、7 月針對每個成員國發布政策指導，各成員國政府據此完成第二年的預算草案並提交本國議會批准。歐盟要求成員國政府必須致力於發展 2012 年確定的歐洲研究區建設的五大優先領域，將具體發展措施體現在國民經濟改革方案中，納入歐洲學期的監管中，如果成員國在預算方面和經濟改革方案中對五大優先領域沒有具體的實質性安排，歐盟委員會將指出並提供發展意見，這將促進歐洲研究區更快速的發展。

歐盟委員會通過監督機制定期對歐洲研究區的建設情況進行總結和評價，並提出如果改革進展情況十分不盡人意，將考慮用法律手段推進歐洲研究區的建設，可見歐盟委員會建設歐洲研究區的決心是十分堅定的。

（三）制定歐洲研究區發展路線圖

2015 年 5 月，歐盟出抬了《歐洲研究區路線圖 2015—2020》作為歐洲研究區進一步發展的指導。這對歐洲研究區監督機制來說又是一個具有里程碑意義的事件。相比發展報告的評價，路線圖更為具體，為歐洲研究區最終實現的關鍵五年制定了具體的發展目標。歐洲研究區能否最終實現，關鍵在成員國層面的建設。有很多成員國對歐洲研究區建設參與度不高，可能是因為對歐洲研究區具體建設思路不瞭解，而路線圖就可以指導成員國開展具體行動，根據歐盟發布的路線圖制定本國的相應行動方案。歐洲研究和創新區委員會還為監督路線圖的執行制定了八個核心指標，力圖使路線圖的執行能落到實處。根據路線圖的階段目標對成員國的建設措施進行監督就使得監督機制更加可行和具體。

《歐洲研究區發展報告 2016》中顯示大部分成員國已經出抬了各自 2015—2020 年的方案，這也為進一步形成歐洲研究區相關政策奠定了基礎。各成員國的路線圖和具體方案再被納入歐洲學期的監管之下，將使歐洲研究區建設的各項方案能更好地在成員國層面開展。

2014 年本是歐盟最初預計的歐洲研究區建成的時間，但並沒有實現，正如統一市場的建立一樣，這個過程不可能是一帆風順的，而是一個逐漸推進的過程。從《歐洲研究區發展報告 2016》中可以看出，成員國和相關研究機構的改革工作還需要進一步完善，各國的改革進度十分不同，歐洲研究區何時最

終完成，主要取決於各成員國關於歐洲研究區各項動議在本國的實施。歐盟下一步要做的只有繼續從資金上加強支持、提供各國交流的平臺及加強監管。歐洲研究區下一階段的建設任務主要是在成員國層面展開相關建設，成員國在探索本國靈活專業化發展戰略的基礎上，進一步在各國的經濟改革中落實歐洲研究區的各項建設任務，接受歐盟的指導，加強與其他成員國和第三國的科技創新合作。

　　歐洲研究區的建設首先通過確定基本目標進行遠景構建，明確建成的歐洲研究區是什麼景象，通過與現實對比發現不足，並分析阻礙歐洲研究區實現的障礙，將這些障礙設定為優先發展領域並採取行動，通過階段性的評價監督將偏離目標的行為進行修正，以期實現最終目標。通過研究與分析歐盟發布的關於歐洲研究區的重要文件有助於把握歐洲研究區的建設歷程。

第五章　歐洲研究區建設效果評價

　　歐洲研究區是在「里斯本戰略」下提出的，目的是加強歐盟的整體創新能力，提高創新競爭力，並通過創新促進歐盟經濟的增長和就業的增加。雖然「里斯本戰略」並沒有實現，但歐洲研究區的建設一直以來受到歐盟的重視，歐盟提出要在 2019 年建成歐洲研究區。評價歐洲研究區的建設效果可以從分析歐洲研究區建設是否達到了預期目標著手，如優先發展領域是否取得了實質性進展，歐洲研究區是否在歐盟成員國和利益相關組織中獲得了廣泛認可和支持，歐洲研究區發展進度是否符合預期。由於歐洲研究區建設的最終目標是促進歐盟的整體創新能力，因此對歐洲研究區建設效果的評價還應當看歐洲研究區是否提升了歐盟的創新能力、是否促進了「巴塞羅那目標」的實現、是否提升了歐盟的創新競爭力、是否改善了歐盟地區科研人力資源質量，增強了歐盟地區對人才的吸引力。

第一節　歐洲研究區優先發展領域建設評價

　　歐洲研究區目前確定了六大優先發展領域，分別是更有效的國家研究系統，優化跨國合作和競爭，為研究者提供開放的勞動力市場，在研究領域實現性別平等和性別主流化，優化科學知識的流通、獲取和轉化，國際合作。在自我評估的基礎上，歐洲研究區最初確定了前五大優先發展領域，這是歐盟在廣泛徵詢意見並認真分析歐盟研究與創新現狀的基礎上找到的完成歐洲研究區建設必須要先解決的五大問題。因此評價歐洲研究區建設效果還是以評價前五大優先發展領域的建設情況為主。而作為泛區域創新系統，判斷系統建設的有效性也需要從這幾個方面來判斷：子系統是否得到有效整合，是否能開展有效合

作與競爭；系統內的創新資源的使用效率是否得到了提高，如研究者、研究基礎設施等；知識作為創新系統的核心要素能否實現自由流通。這些內容都在歐洲研究區的前五大優先發展領域上得到了體現，因此，優先發展領域的發展情況也就反應了歐洲研究區的建設進展情況。

一、更有效的國家研究系統

歐洲研究區優先發展的第一項就是建立更有效的國家研究系統。在歐洲研究區中有效的國家研究系統不僅意味著各成員國子系統的健康發展，還意味著各國子系統之間的協調發展，只有在子系統良好發展的基礎上並加強協作才能提升歐盟整體的研究與創新能力。歐盟成員國發展國家研究系統以提升本國的創新能力是提高歐盟整體創新能力的前提條件，在各國創新能力提高的基礎上協調各國研究創新系統，才能共同推進歐洲研究區的建設。在歐洲研究區優先發展的領域當中，國家研究系統建設的主要內容包括使成員國的創新與發展政策與歐洲研究區發展理念相一致，接受歐洲研究區發展框架的指導，加大對研究與創新的支持力度，對科研資金的配置採用競爭性原則以提高科研資金的使用效率。因此，對於國家研究系統的有效性評價可以從國家研究與創新戰略的制定是否與歐洲研究區發展戰略一致、國家對研發與創新的資金支持力度及科研資金配置方式是否具有競爭性進行評價。

（一）國家研究與創新戰略的制定

研究與創新戰略的制定對歐洲研究區的發展至關重要，成員國的創新系統能否協調發展取決於其各自的研究與創新戰略能否協調一致。2014年《歐洲研究區發展報告》中的數據顯示，國家研究和創新戰略得到了成員國的普遍重視，除葡萄牙外的所有成員國都制定了國家研究和創新發展戰略。歐洲研究區建設越來越受到成員國的重視，奧地利、德國、西班牙、芬蘭、匈牙利、義大利、盧森堡、馬耳他、羅馬尼亞、瑞典、斯洛文尼亞和英國這12個國家在國家戰略中包括了全部或部分歐洲研究區的行動計劃。2016年的《歐洲研究區發展報告》顯示，幾乎所有的成員國已經制定了國家的研究和創新發展戰略，而且與歐洲研究區的相關戰略協調性增強，說明歐洲研究區在成員國中的認可度增強，歐洲研究區的發展綱領對成員國的指導性加強，這有利於成員國國家創新系統的進一步協調發展。歐盟委員會建立的「靈活的專業化平臺」（簡稱S3 Platform）促進了成員國之間的相互學習和交流，避免了成員國採取重複的研究與創新發展戰略，各國都在積極制定本國的靈活專業化戰略。歐盟委員會還組織並資助了15個專家組考察了創新能力相對落後的愛沙尼亞、立陶宛、拉脫維亞、斯洛伐克、斯洛文尼亞、匈牙利、羅馬尼亞、保加利

亞、波蘭、捷克、西班牙和葡萄牙 12 個國家，幫助地區負責研究與創新的管理部門進行靈活、專業化的發展戰略的制定。調查報告還將正式遞送給歐盟委員會的相關部門及這些成員國的相關常駐代表。這些報告是客觀中肯的，能幫助成員國政府認識其研究與創新方面的不足並提出解決意見。

（二）政府研發資金的預算總支出

國家從資金方面對創新的支持往往通過增加公共研發資金、減免稅收和增加信貸優惠等手段，但由於稅收激勵和信貸優惠等支持手段具有不易統計性，因此主要通過研發預算總支出（Government Budget Appropriations or Outlays on R&D，GBAORD）從定量上評價政府對研究與創新的資金支持情況。如表 5-1 所示，從整體上看，歐盟 28 國[①]的研發預算總支出自 2009 年年底歐債危機爆發後一直下降，從 2014 年開始回升。由於在歐債危機中一些國家將研發支出納入財政緊縮的範圍，因此總研發預算支出下降，如比利時、愛爾蘭、西班牙、法國、義大利、塞浦路斯、拉脫維亞、立陶宛、匈牙利、荷蘭、羅馬尼亞、斯洛文尼亞和英國。但其中一些國家加大了減免稅收等其他方式的研發支持手段，如法國、荷蘭和英國。但是也可以看到另有一些成員國的研發預算總支出一直在增加，如比利時、丹麥、德國、愛沙尼亞、盧森堡、匈牙利、奧地利、波蘭、瑞典。從表 5-1 中可以看出，絕大多數的歐盟國家從 2014 年開始，由於歐洲債務危機逐漸過去，在研發資金上的支出也在相應增長。但通過比較，可以發現成員國政府投入在研發上的資金額存在很大差別。如果按人均研發支出計算，盧森堡比保加利亞高 30 多倍，雖然研發支出的差別與國民收入和購買力等因素有關，但仍能反應成員國之間關於公共研發投入的巨大差別。如果從政府研發資金預算占政府總支出的比重來看，可以看出一國政府對研發與創新的重視程度，如表 5-2 所示，有些國家將研究和創新視作促進經濟增長的重要動力，使政府總支出中投入研發的比重持續增長，如比利時和波蘭。

表 5-1　　　　　　歐盟及成員國政府的研發資金撥款　　　　單位：十億歐元

年份（年） 國別	2008	2009	2010	2011	2012	2013	2014	2015
歐盟 28 國	89.81	92.05	92.75	92.68	90.83	90.51	93.90	96.08

---

① 2016 年 6 月 23 日，英國舉行公投，超過一半選民投票支持脫離歐盟，成為歐盟歷史上第一個以全民公投方式脫離歐盟的國家。目前，英國正與歐盟展開艱苦的脫歐談判。在英國正式脫離歐盟之前，我們仍視英國為歐盟成員國。

表5-1(續)

國別\年份（年）	2008	2009	2010	2011	2012	2013	2014	2015
比利時	2.34	2.29	2.38	2.40	2.49	2.54	2.73	2.54
保加利亞	0.11	0.12	0.10	0.10	0.10	0.10	0.11	0.11
捷克共和國	0.82	0.87	0.89	1.05	1.04	1.01	0.99	1.02
丹麥	1.99	2.20	2.29	2.46	2.52	2.55	2.66	2.74
德國	19.69	21.71	23.02	23.74	24.03	25.11	25.52	26.53
愛沙尼亞	0.10	0.10	0.10	0.13	0.15	0.16	0.14	0.14
愛爾蘭	0.94	0.90	0.83	0.79	0.76	0.77	0.73	0.74
希臘	1.03	0.85	0.68	0.65	0.73	0.71	0.78	0.92
西班牙	8.41	8.70	8.31	7.25	6.19	5.31	5.78	6.04
法國	16.95	17.51	16.36	16.81	15.13	14.98	14.82	14.17
克羅地亞	0.31	0.31	0.32	0.33	0.32	0.32	0.31	0.36
義大利	9.94	9.78	9.55	9.16	8.82	8.32	8.45	8.37
塞浦路斯	0.07	0.08	0.08	0.08	0.07	0.06	0.06	0.06
拉脫維亞	0.07	0.04	0.03	0.03	0.03	0.03	0.04	0.05
立陶宛	0.15	0.14	0.12	0.13	0.12	0.13	0.13	0.12
盧森堡	0.17	0.20	0.23	0.26	0.28	0.29	0.35	0.32
匈牙利	0.45	0.43	0.35	0.30	0.34	0.60	0.29	0.31
馬耳他	0.01	0.01	0.01	0.01	0.02	0.02	0.02	0.02
荷蘭	4.58	4.85	4.86	4.98	4.66	4.60	4.87	4.88
奧地利	1.99	2.15	2.27	2.43	2.45	2.62	2.65	2.74
波蘭	1.10	1.05	1.31	1.18	1.37	1.44	1.77	1.75
葡萄牙	1.57	1.75	1.77	1.75	1.56	1.58	1.63	1.76
羅馬尼亞	0.56	0.36	0.35	0.35	0.29	0.30	0.32	0.41
斯洛文尼亞	0.19	0.24	0.22	0.22	0.19	0.19	0.16	0.16
斯洛伐克	0.18	0.23	0.25	0.32	0.29	0.27	0.29	0.33
芬蘭	1.81	1.93	2.07	2.07	2.06	2.00	2.00	2.00
瑞典	2.66	2.66	3.09	3.21	3.58	3.64	3.61	3.54
英國	11.60	10.58	10.90	10.50	11.23	10.86	12.70	13.94

數據來源：歐洲統計局官網 http://ec.europa.eu/eurostat/data/database。

表 5-2　歐盟及成員國研發預算總支出占政府總支出的比重表　　單位：%

年份（年） 國別	2008	2009	2010	2011	2012	2013	2014	2015
歐盟 28 國	1.49	1.49	1.45	1.45	1.38	1.41	1.4	1.38
比利時	1.22	1.32	1.21	1.22	1.16	1.15	1.16	1.24
保加利亞	0.65	0.79	0.8	0.72	0.69	0.7	0.65	0.59
捷克共和國	1.34	1.27	1.34	1.33	1.49	1.45	1.53	1.5
丹麥	1.6	1.7	1.74	1.74	1.78	1.73	1.83	1.83
德國	1.74	1.76	1.85	1.89	1.96	1.97	2.02	1.98
愛沙尼亞	1.4	1.59	1.48	1.72	2.02	2.07	2.12	1.87
愛爾蘭	1.26	1.19	1.11	0.76	0.99	1.03	1.01	1
希臘	0.6	0.84	0.66	0.58	0.58	0.69	0.77	0.87
西班牙	1.9	1.83	1.76	1.68	1.48	1.24	1.22	1.25
法國	1.39	1.6	1.59	1.45	1.46	1.28	1.24	1.21
克羅地亞	—	1.46	1.46	1.52	1.53	1.54	1.29	1.49
義大利	1.32	1.27	1.22	1.19	1.14	1.08	1.03	1.02
塞浦路斯	1.02	0.99	1.07	1	0.97	0.86	0.81	0.73
拉脫維亞	0.81	0.74	0.46	0.36	0.38	0.4	0.38	0.43
立陶宛	1.42	1.22	1.15	1	0.95	0.99	1.01	0.99
盧森堡	0.97	1.11	1.18	1.27	1.38	1.56	1.73	1.7
匈牙利	0.77	0.86	0.9	0.72	0.59	0.7	1.32	0.57
馬耳他	0.34	0.35	0.37	0.54	0.52	0.65	0.67	0.55
荷蘭	1.71	1.65	1.63	1.6	1.65	1.54	1.59	1.59
奧地利	1.28	1.37	1.39	1.46	1.55	1.51	1.58	1.53
波蘭	0.72	0.68	0.74	0.8	0.71	0.83	0.86	1.02
葡萄牙	1.63	1.94	1.99	1.9	1.99	1.9	1.86	1.81
羅馬尼亞	0.97	1.01	0.73	0.7	0.68	0.58	0.58	0.62
斯洛文尼亞	1.22	1.14	1.4	1.22	1.19	1.09	0.81	0.87
斯洛伐克	0.57	0.74	0.82	0.89	1.13	1	0.95	0.91
芬蘭	1.99	1.94	1.95	2.02	1.94	1.84	1.73	1.68

表5-2(續)

年份（年）國別	2008	2009	2010	2011	2012	2013	2014	2015
瑞典	1.51	1.5	1.62	1.64	1.57	1.64	1.6	1.62
英國	1.47	1.31	1.28	1.23	1.2	1.17	1.28	1.28

數據來源：歐洲統計局官網 http://ec.europa.eu/eurostat/data/database。

(三) 研究資金配置的競爭性原則

研究資金是否得到有效配置能體現一國研究創新系統的有效性。以項目的發展前景和競爭力決定項目資金的分配，在機構評估的基礎上以機構研究創新能力的卓越性決定機構資金分配的數量，既能夠使有限的公共資金得到最佳利用，也能激發研究機構的研究和創新積極性，有利於進一步提高所產出的知識的質量和知識轉化率。目前，以項目競爭力決定公共資金投入的方式已經在所有成員國採用，並且有21個國家將此寫入國家研究與創新戰略中。2014年的「歐洲研究區調查」顯示，接受調查的成員國中，平均64%的公共資金配置是以項目的優劣為依據的，其中有4個成員國所有的公共資金配置都採用此種方式。對項目進行同行評議的方式也已經被所有成員國採用，這些措施有利於提高國家研究與創新財政支出的效率。政府對公共機構的撥款建立在機構評估的基礎上，是有效使用公共資金的又一種措施，已經有17個成員國採用了這種方式配置機構資金。在接受「歐洲研究區2014年調查」的22個國家中有18個國家的研究基金機構在進行機構資助時採用這種資金配置方式[1]。2016年的《歐洲研究區發展報告》顯示，所有成員國均在不同程度上使用了競爭性的方式配置機構資金。

但是成員國在分配公共研究資金的具體方式上還有很大不同，還沒有在成員國間建立一個共同認可的具體實施準則，不利於對跨國研究與創新項目和跨國研究機構的資助。

二、跨國合作和競爭

優化跨國合作和競爭是歐洲研究區優先發展的領域之一。歐洲研究區作為一個跨區域創新系統，知識是其最核心的流動要素，開放性是其生命力的重要標誌。通過跨國合作，將不同國家的最優秀研究者集中於同一個項目中，本身就是競爭性原則的體現，同時又在競爭的基礎上實現各國優勢互

---

[1] European Commission. European Research Area Facts and Figures 2014 [R]. 2014.

補，加強合作，共同促進知識的創造和轉化。只有加強歐盟內部成員國之間的合作並積極開展國際競爭與合作才能有利於最先進知識的引進和流動，才能形成優勢互補並達到規模效益，才能通過良性競爭為創新提供不竭的動力。歐洲研究區的跨國合作和競爭包括兩個方面：一是歐洲研究區內各成員國之間的合作與競爭，二是成員國與非成員國的第三國之間的國際合作與競爭。跨國合作既體現在國家層面的合作，也體現在創新相關機構之間的跨國合作。歐盟通過「框架計劃」加大對促進成員國之間項目合作的各類平臺工具的資助，有力推動了跨國研發合作。通過「歐洲研究區網絡計劃」可打造歐盟的研究網絡，通過「聯合項目計劃」「185條款行動」等措施可推動成員國之間的合作以及產學研之間的跨國合作，得到了成員國的廣泛參與；通過各種形式的政府間研究組織，如歐洲核研究組織（CERN）、歐洲分子生物學實驗室（EMBL）及多國參加的論壇加強了成員國間的交流，有利於促進成員國之間的進一步合作。對歐洲研究區內跨國研究與創新合作情況主要從成員國開展跨國合作的戰略制定、成員國及研究機構對跨國研究合作項目資助和參與程度、參與研究基礎設施的共建和共享的程度三方面進行評價。

（一）成員國關於開展跨國合作的戰略

隨著成員國之間的跨國合作項目數量增加，越來越多的成員國制定國家研究與創新發展戰略時將跨國合作作為重要內容，《歐洲研究區發展報告2014》中指出已經有半數以上的成員國將鼓勵跨國研究合作納入了國家研究與創新戰略，比較明確的有奧地利、保加利亞、捷克、德國、丹麥、西班牙、法國、匈牙利、義大利、馬耳他、波蘭、羅馬尼亞、荷蘭、葡萄牙、瑞典、愛沙尼亞、斯洛文尼亞①。2017年1月發布的《歐洲研究區發展報告2016》中的數據顯示，24個成員國已經制定了「歐洲研究區國家行動計劃：2015—2020」②。隨著成員國之間的跨國合作項目數量增加，越來越多的成員國制定國家研究與創新發展戰略時將跨國合作作為重要內容，目前已經有16個成員國將鼓勵跨國研究合作納入了國家研究與創新戰略。聯合項目行動在成員國中的影響作用加強，一些成員國根據其參與的跨國聯合研究項目相應地制定國家相關研究領域的行動方案、路線圖和戰略，這也是履行其聯合項目行動戰略研究日程中的承諾的表現。

---

① European Commission. European Research Area Progress Report 2014［R］. 2014.
② European Commission. European Research Area Progress Report 2016［R］. Brussels, 2017.

（二）成員國對跨國研發合作的資助

1. 對成員國之間合作項目的資助

《歐洲研究區發展報告2013》顯示，在歐盟內部，60%的研究基金機構除「框架計劃」外還至少參與過一項跨國合作項目。根據「歐洲研究區2014年調查」的結果顯示，參與調查的研究基金機構平均將研發支出的1.42%用於成員國的合作研發，可見基金機構對跨國項目資助的比例還比較低。而且不同成員國的基金機構對成員國聯合研發的投入比重差別很大，最低的國家為0，最高的國家可以達到近30%。有13個成員國的基金機構對成員國聯合研發投入高於歐盟平均水準，其餘15個成員國低於歐盟平均水準甚至沒有投入任何資金到成員國聯合項目中。而這15個國家中，只有保加利亞、捷克、德國、希臘、西班牙和斯洛文尼亞六國明確地支持聯合研究的行動。可見，歐盟成員國之間跨國合作項目的資金支持仍然主要來自於歐盟，成員國對跨國研發合作項目的資金支持力度還很不夠。2016年的《歐洲研究區發展報告》中，數據顯示用於歐洲範圍跨國合作公共研發項目（包括雙邊或多邊）的政府預算總支出顯著增長，參與聯合項目的國家數量也有所增長，跨國合作的科學著作和論文數量也在持續增長。

2. 對國際研發合作的支持

國際合作的參與程度反應了歐洲研究區的開放性，開放性是保持創新系統先進性與卓越性的重要前提。隨著全球化發展趨勢的增強，成員國對國際合作的關注也在加強，9個成員國已經在增加國際科研合作方面制定了特別條款。歐洲研究區國際合作的發展程度主要反應為成員國對其與第三國開展科研合作的支持力度。奧地利、捷克、德國、丹麥、法國、義大利、荷蘭、羅馬尼亞、瑞典、斯洛文尼亞、斯洛伐克和英國12個成員國對國際合作有明確的支持行為，而且還不斷採取新措施進一步支持國際合作。根據「歐洲研究區2014調查」，17個成員國的研究基金組織平均將預算的0.7%投入與第三國的合作項目中，其中德國在這方面的預算比重最高，達到4.3%。19個成員國中有的將資金投入國際科研合作中，投入國際合作中的資金占總研發資金投入比重的歐盟平均值為2.4%，其中6個國家高於歐盟平均水準，其中德國、丹麥、法國、荷蘭和英國五國對國際研發合作有政策支持。而在保加利亞、塞浦路斯、愛沙尼亞、克羅地亞、匈牙利、愛爾蘭、盧森堡、馬耳他和斯洛伐克9國家中沒有關於國際科研合作的預算支出。

大部分成員國都有開展跨國研發合作的意願，但跨國科研合作在各國開展的程度有很大不同。在跨國研發公共資金支出上，成員國之間有很大差異，如

表 5-3 所示。

表 5-3　2015 年歐盟成員國投入跨國研發的公共資金占全部公共研發資金的比重表①

類別 國別	投入跨國研發的 公共資金（百萬歐元）	總研發公共資金 （百萬歐元）	跨國研發公共資金/ 總研發公共資金%
比利時	250.889	2,537.333	9.89
保加利亞	3.065	108.636	2.82
捷克共和國	38.982	1,020.191	3.82
丹麥	68.578	2,736.992	2.51
德國	1,068.33	26,532.81	4.03
愛沙尼亞	3.3	140.455	2.35
愛爾蘭	18.7	736.3	2.54
希臘	31.38	923.02	3.40
西班牙	342.048	6,042.343	5.66
克羅地亞	7.904	357.643	2.21
義大利	702.4	8,371.6	8.39
塞浦路斯	2.492	59.655	4.18
拉脫維亞	3.1	46.6	6.65
立陶宛	1.824	122.053	1.49
盧森堡	5.327	317.191	1.68
匈牙利	7.946	310.195	2.56
馬耳他	0.051	24.316	0.21
荷蘭	155.454	4,879.716	3.19
奧地利	128.145	2,744.844	4.67
葡萄牙	34.55	1,755.61	1.97
羅馬尼亞	32.635	413.035	7.90
斯洛文尼亞	11.341	159.832	7.10

① 跨國研發的公共資金包括歐盟成員國之間的合作研發也包括成員國與非成員國的第三國的合作研發，此表缺法國、波蘭的數據。

表5-3(續)

國別 \ 類別	投入跨國研發的公共資金(百萬歐元)	總研發公共資金(百萬歐元)	跨國研發公共資金/總研發公共資金%
斯洛伐克	7.409	330.736	2.24
芬蘭	71.59	2,001.6	3.58
瑞典	173.197	3,542.204	4.89
英國	726.371	13,939.515	5.21

數據來源：歐洲統計局 http://ec.europa.eu/eurostat/data/database。

表5-3中可以看出，各國公共研發資金中投入跨國研發合作的比例差別很大，最高的比利時達近10%，馬耳他這一比重還不足1%，這說明各國對於跨國研發合作的重視程度差別很大。這一指標的歐盟平均值為4.04%，但超過平均值的只有10個國家，連德國都沒有達到平均數，超過5%的國家有7個，可見成員國政府對於跨國合作研發的支持力度還有待加強。比起2012年的數據，整體水準還是有所上升，2012年，這一指標的歐盟平均值為3.54%，超過5%的國家僅有3個。從數據來看，成員國對跨國研發合作的支持與其創新能力無關，比如高度創新國家盧森堡對跨國科研合作的支持度很低，而創新能力低的拉脫維亞在跨國科研合作方面的投入比重遠高於歐盟平均值，說明這與成員國政府的認識有關。有些成員國對跨國科研的重視度不夠，開放性不高。

（三）研究基礎設施的共建和共享

研究基礎設施是開展研究創新的基礎條件，尤其是在一些重大科研項目中，科研設備設施起到很關鍵的作用，研究基礎設施的先進性也是創新系統先進性和吸引力的重要影響因素。促進研究基礎設施（RIs）共建和共享是歐洲研究區建設的重要內容之一，是促進歐盟成員國開展合作並促進科技進步和創新的有力工具。歐盟十分重視整合成員國資源，致力於在歐盟範圍內建設世界級研究基礎設施並實現重大研究基礎設施的共建和共享。歐盟成立的「歐洲研究基礎設施戰略論壇」（ESFRI）在推動歐盟範圍內研究基礎設施的共建和共享方面起了重要作用。ESFRI確定了研究基礎設施路線圖，預計2015年完成路線圖中60%的研究基礎設施項目建設，截至目前，目標已經基本完成。最新修訂的ESFRI路線圖所確定的優先建設設施已經被競爭委員會於2014年5月批准，成員國和歐盟委員將會一起為實現目標而努力。歐盟於2009年制定的《歐洲研究基礎設施聯盟規定》（《European Research Infrastructure Consortium Regulation》，ERIC）希望對研究基礎設施的建設和使用進行法律監督，通過不斷進行經驗交流以改進未來的應用。雖然其在成員國中批准的進程非常緩慢，

但《歐洲研究基礎設施聯盟規定》為建立和運作泛歐研究領域的基礎設施提供了強有力的支持，這個法律工具將有助於在成員國中進一步推進歐洲研究區建設。歐盟 22 個成員國已經制定了國家研究基礎設施發展路線圖，其中有 21 個國家希望本國的路線圖有助於 ESFRI 的發展，但只有丹麥、瑞典和英國三個成員國對包含在 ESFRI 路線圖中的研究基礎設施有資金支持。保加利亞、希臘、芬蘭、法國、匈牙利、義大利、立陶宛、荷蘭、波蘭、羅馬尼亞、斯洛伐克和英國 12 個成員國制定了增強研究基礎設施競爭力和開放性的戰略，並且在奧地利、丹麥、希臘、西班牙、匈牙利、愛爾蘭、立陶宛、荷蘭、葡萄牙和英國實施有關於增強研究基礎設施競爭力和開放研究基礎設施的具體支持措施。歐盟成員國的政治承諾和資金支持是進一步推進歐盟研究基礎設施共建和共享的最重要因素，目前成員國在這方面的具體行動、措施還欠缺。接受調查的研究機構中有 37%的機構認為跨界使用研究基礎設施存在困難，主要由於複雜的跨國使用制度、高成本及設施信息不充分共享。這些都是未來歐洲研究區建設中需要解決的問題。

三、開放的研究人員勞動力市場

研究人員是研究和創新的核心要素，研究人員的創新能力直接決定了歐洲研究區的創新能力，研究人員的跨區域和跨部門流動有助於提升研究人員的研究和創新能力。數據顯示，流動性強的研究者的研究影響力比從來沒有到國外進行過交流的研究者高近 20%。建立一個開放的有吸引力的歐洲研究人員勞動力市場，吸引全世界最優秀的研究人才並掃清研究人員自由流動的障礙是歐洲研究區的重要目標之一。

歐盟的國家負責本國的教育和培訓體系，但是歐盟幫助各國設置共同的目標並分享好的經驗。近年來，歐盟、成員國和研究利益相關機構已經採取了一系列措施，清除妨礙研究人員自由流動的障礙，歐盟也加大了相關投入的資助力度。在改革招聘機制、加強博士生培訓和提高研究職業的吸引力方面已經取得了一些成就。

成員國在開放研究人員勞動力市場、促進研究人員流動、增強研究職業吸引力方面的進展不同。有些成員國缺乏公開、透明、以能力為重的研究者招聘機制；有些成員國由於教育培訓的缺乏使一些處於職業生涯早期的研究者的能力還不能達到市場要求；有些成員國研究職業工作條件有待提高，缺乏吸引力。與跨國流動相比，歐盟國家人才的跨部門流動比較缺乏，歐洲研究者在企業中就業的比重相對較低，一方面是由於學術界和企業界缺乏聯繫，另一方面

是由於研究者缺乏創新實踐能力及創業意識。

阻礙研究人員自由流動的障礙主要有：缺乏開放、透明、以能力為重的招聘機制；教育培訓的不足使研究人員能力不足；研究的工作條件差，缺乏對人才的吸引力。因此判斷各成員國在開放的研究人員勞動力市場方面的建設程度，主要從其人才招聘方式、教育和培訓質量、研究職業生涯的改善以及研究者流動情況來進行。

（一）人才招聘方式

開放、透明、以能力為重的招聘機制是打造開放的、有吸引力的勞動力市場的重要前提，而且招聘機制的優劣也影響研究團隊的研究與創新能力。歐盟發展 EURAXESS 網絡服務使研究崗位的招聘信息得到更多的公開發布，有些成員國規定公共機構的研究職位招聘信息必須發布在 EURAXESS 上。《歐洲研究區發展報告 2016》中顯示，2012—2014 年，歐盟 28 國的年平均增長率達到了 7.8%。

目前，已經有成員國將開放、透明和以能力為重的招聘機制納入法律範疇以保證其執行。一些利益相關者組織，如歐洲研究型大學聯盟（LERU）在其成員中也大力推行這種招聘機制。成員國及研究相關機構都認可這種招聘機制，但執行情況在各成員國間有很大不同。2014 年，「歐洲研究區調查」顯示，平均約 40% 的在歐洲大學工作的研究人員對招聘的公開程度不滿意，不同國家的這一指標的數值差異很大。如圖 5-1，縱軸代表滿意度，從圖中可以看出，在英國約有 22% 的研究人員對招聘的公開程度不滿意，在葡萄牙約有 54% 的研究人員不滿，在希臘感到不滿的研究人員達到 55%，在義大利達到了 69%。

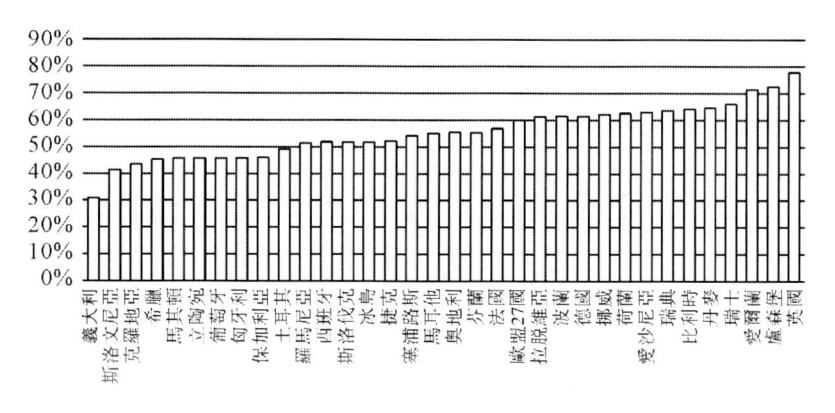

圖 5-1　歐盟國家高校研究者對招聘職位公開程度的滿意度

圖片來源：歐盟文件 SWD（2014）280 final。

從圖 5-1 可以看出，雖然歐盟各成員國都聲明已經在研究職位招聘中遵循開放、透明和以能力為重的原則，但是執行情況並不能令一線研究者滿意，有 10 個國家的滿意度甚至不能達到 50%。由於這項招聘原則不是在所有成員國中採取法律手段強制遵守，因此造成執行效果差異很大。歐洲研究區人力資源和流動性指導組（SGHRM）於 2014 年 9 月成立了一個工作組，專門負責策劃開放、透明、以能力為重的招聘方式相關的工作，包括指導方針和主要事務，建立了有助於機構進行自評估的標準，以便於機構進行自我調整。工作組還提供了促進組織實行開放、透明、以能力為重招聘方式的步驟指導。《歐洲研究區技術報告 2016》顯示，大部分的成員國都提高了招聘過程的透明性，尤其是在招聘基層研究人員中，公開透明原則運用得較為充分，但對於高級研究人員來說一般還是基於內部聯繫，如曾經的合作中建立起的關係。

（二）教育和培訓

教育是培養研究人才的手段，培訓是使研究人員進一步適應社會和工作需要的保證。歐盟對科研人員的定義為滿足下列條件的人員：已經完成了高等教育或雖沒有完成高等教育但是具備同等能力並從事科學技術職業的人員。

歐洲的研究人員數量在世界上處於領先地位，但與美國和日本相比，研究人員在勞動力中所占的比重較低。要提高總人口中研究人員的比重，就要設法提高接受高等教育的人數，歐盟各國在這方面取得了較大的進步。截至 2013 年年底，歐盟 30 歲至 34 歲的人口中接受了高等教育的人口比重從 2000 年的 22.9%增長到了 36.8%，增長了 60%，歐盟 28 個成員國在這方面都取得了一定的進展，從 2012 年到 2013 年，平均增長了一個百分點。16 個成員國的這一比重已經達到或超過了 40%，提前完成了「歐洲 2020 戰略」的目標。比重最高的愛爾蘭已經達到了 53%。從 2000 年到 2011 年，歐盟國家新增博士生數量增長了 60%，增長率略高於美國，並遠遠高於日本。

僅有研究人員數量的提高還不夠，還要通過提高教育和培訓質量以提高研究人才的創新能力。歐盟培養的博士生數量在增長，但剛畢業的博士生往往不具備除學術部門外的其他部門所需要的研究與創新能力。歐洲研究者在私人企業中就業的比較少，只占總研究人員的 45%，而美國的這一比例是 78%，日本為 74%。這說明博士生缺乏全面的培訓，只有 1/10 的初級研究者在攻讀博士期間有在產業界接受培訓或申請專利的經歷。歐盟理事會於 2011 年批准了「創新型博士培訓」的七項原則，致力於培養年輕研究者的研究能力和知識轉化能力以勝任各部門的工作。據 2013 年開展的對 16 個國家中 20 所大學的調查顯示，「創新型博士培訓」的原則在大學中被廣泛採納，並被視作指導性原

則。一些成員國通過共同開展研究項目、聯合培養，增進跨部門交流等措施提高研究者的研究能力。一些與研究有關的利益相關組織也在提高研究人員培訓方面做出了有益嘗試，如德國研究基金會成立了研究培訓團隊和研究生院以提高博士生的培養質量；維也納生物中心新增了科研協調員的職位，負責開展培訓課程和增強信息交流等；盧布爾雅那大學注重採用多學科培養博士，在博士培養過程中，其接受的教育和進行的研究都是跨學科的。

(三) 清除阻礙研究人員流動的障礙

研究人員的跨國交流對培養卓越研究人才是必要的。大約有31%的歐洲博士後研究人員在十年內有在國外工作超過3個月的經歷。80%的研究者認為交流經歷對其提高研究能力有積極影響。超過60%的研究者認為交流經歷增加了其研究產出，包括成果數量及被引用率、專利、合著成果的數量等。55%的研究人員認為交流促進了其職業發展。由於歐盟各國之間存在不同的社會與勞動法，研究人員尤其是公共機構的研究人員跨國流動並不容易。歐盟與成員國一起採取了一系列措施促進研究人員流動。如歐盟通過 EURAXESS 提供研究職位信息並為研究人員流動提供信息和服務；修訂了科學簽證指令，以方便第三國的研究人員來歐盟國家交流。2014 年 12 月 16 日，歐盟宣布要建立一個為期 4 年的、20 億歐元的框架協議以支持建立歐洲研究機構的退休儲蓄工具（Retirement Savings Vehicle for European Research Institutions, RESAVER），在這個體系下，科研人員只須隸屬於一項養老計劃，他們在跨國或在不同的研究機構之間流動時，他們的社保福利能夠得到保障，從而打消研究者跨界流動的顧慮，到 2016 年，這項補充福利基金已經啓動。「瑪麗・斯克沃多夫斯卡・居里行動」對研究人員培訓和交流進行資助，對促進研究者跨國流動具有重要意義，有利於吸引優秀的研究者到歐洲來。成員國也在國家層面為促進研究人員的流動開展一系列行動，為處於研究生涯初期的研究者提供交流資助，如波蘭的「哥倫布」項目為優秀的年輕學者提供獎學金並讓他們在世界頂級的研究中心交流半年到一年。一些國家對參與交流的研究者進行稅收減免等激勵手段。

成員國也為促進研究人員的跨部門流動採取了多種措施，包括在大學、研究機構和私營企業之間建立合作夥伴關係，共同開發項目，對科研項目進行商業轉化，在企業中開展研究培訓，使研究人員在不同部門進行交流，培養產業界的博士等。如葡萄牙的波爾圖大學與其他大學和企業合作，由國家出資加強大學和企業在培養博士生方面的合作。但儘管如此，研究人員部門間的流動還是十分缺乏。

(四) 提升研究職業生涯的吸引力

擁有第一流的人才是實現歐洲研究區的重要保障。研究者所在的國家、區

域能否給研究者提供有競爭力的薪資、能否給研究者提供沒有後顧之憂的社會保障和保險、能否提供一流的工作條件、研究者能否具有一個有發展前景的職業生涯、研究項目能否具有重大社會意義和良好的發展前景，這些都成為是否能夠吸引研究者的關鍵條件。歐盟頒布了《歐洲科研人員憲章》和《招募科研人員行為準則》，並基於此制定了研究人員的人力資源戰略，希望促使研究職業成為更具吸引力的職業。這兩個文件也在成員國得到了廣泛支持，歐盟及歐盟以外的 35 個國家的 480 個機構都在這兩個文件的指導下制定了相應的改善研究職業條件的措施，但從整體上看，執行效果並不理想。2012 年的《歐洲研究區發展中的有潛力的待開發領域》報告中指出，有 4/5 接受調查的研究者都認為研究者的職業生涯是需要引起關注的，說明研究人員對其職業還不夠滿意。如果不有效改善研究者的工作條件，將會造成研究人才的流失。

歐洲研究區內的各主體未來要進一步提供更公平的工作機會、更有效的培訓、更有前景的職業生涯、更好的研究環境、更好的社會保障，從而使科研人員各盡其用，享受公正待遇，消除研究者的流動障礙，提升研究人員的創新能力並提高歐洲研究區對全世界優秀科研人才的吸引力。

四、研究領域中的性別平等問題

在「歐洲 2020 戰略」中，解決性別不平等問題是一項重要內容。歐盟委員會正在制定新的性別平等方面的規定，以期達到在研究週期的不同階段都實現性別平等。研究領域和研究相關機構決策層的性別平等不僅會減少性別歧視造成的女性研究人才的浪費，也有助於提高研究和創新相關決策的科學性。由於性別差異，男女看問題的角度是不同的，而且同樣的事物帶給男女的影響也是不同的，因此預測一項創新成果的社會影響時應該聽從不同性別人事的建議才能做出科學決策，這有利於使科研成果順利實現市場轉化。實現研究領域和研究決策領域性別平等對實現「需求為導向的創新」具有重要意義。歐洲研究區優先發展，其目的之一就是為了解決研究領域的性別不平等問題。隨著歐盟女性科研人員數量的增加，這一問題已經引起了歐盟和各成員國的重視。對改善研究領域中性別不平等問題的效果評價主要從研究領域的性別平等情況和研究相關機構決策過程中的性別平等情況兩個方面進行。

（一）研究領域的性別平等

已經有 17 個成員國針對公共研究領域的性別平等問題制定了國家政策。分別是奧地利、德國、比利時、捷克、丹麥、保加利亞、愛沙尼亞、希臘、西班牙、芬蘭、法國、克羅地亞、立陶宛、瑞典、斯洛文尼亞和英國，其中奧地

利、保加利亞、希臘、西班牙、芬蘭、法國、克羅地亞和波蘭針對研究領域的性別平等問題制定了特別法案。在制定了公共研究領域性別平等相關法律和發展戰略的國家中，大部分研究機構也制定了研究人員招聘和晉升中的性別平等方案。雖然這些措施體現了歐盟各國性別平等意識的提高，但是執行相關政策和措施的力度不夠，執行情況在成員國之間也存在較大差距。歐洲統計局的數據顯示，2011年女性研究者的比重在絕大多數成員國中都不足50%，有7個國家女性研究者的比重甚至不足30%。接受2014年「歐洲研究區調查」的歐盟各國的研究基金機構中，通常在其選擇的研究項目中能關注性別平等問題的機構，在歐盟的平均值能達到82.2%，雖然這個比例還比較高，但是有22個成員國的數值都低於這一平均值，甚至有的研究基金機構根本就沒有考慮過性別平等問題，歐盟只能確定這22個國家中的9個國家有在公共研究機構中推進性別平等的戰略和措施。所以說，在提高性別平等問題上，各成員國的差距是非常大的。為了解決性別平等問題，大部分的研究執行機構採納或執行了「性別平等計劃」（Gender Equality Plans），根據2014「歐洲研究區調查」顯示，64%的接受調查的研究執行機構執行了這一計劃。但不同國家的研究機構在執行效果上差別很大。只有奧地利、德國、芬蘭、法國、馬耳他、荷蘭、瑞典、英國8個成員國的研究執行機構中執行這一計劃的機構比重高於歐盟的平均值。在未達到平均值的其餘20個成員國中，有10個成員國沒有任何關於改進性別不平等問題的政策，分別是塞浦路斯、匈牙利、愛爾蘭、義大利、波蘭、羅馬尼亞、斯洛伐克、盧森堡、拉脫維亞和葡萄牙。

奧地利、比利時、德國、丹麥、希臘、西班牙、克羅地亞、荷蘭、瑞典和英國有關於在公共研究機構中支持招聘女性研究人員的措施。59%接受調查的研究執行機構執行了招聘和晉升女性研究人員的政策，然而這一政策在不同成員國的執行情況仍然有很大差別，只有9個成員國高於歐盟平均值。在低於歐盟平均值的19個國家中，有14個成員國沒有任何有關招聘女性研究者的政策。因此總體來說，歐洲研究區建設中，大部分成員國在實現研究領域的性別平等方面的工作還很不到位。

（二）研究決策過程中的性別平等問題

有20個成員國在提高研究決策過程中的性別平等方面做出了各自不同的舉措。有的體現為提高女性職位級別，有的體現為在決策中平衡不同性別人數比重，有的體現提高女性待遇等。高等院校和研究機構決策層中的女性比例比較低，在歐盟，只有平均18%的研究機構的領導人為女性，且有15個成員國的這一指標值尚低於平均值。不同成員國在這一指標上差別很大，希臘女性領導的研

究機構在所有研究機構中的比重為5%，而盧森堡的這一比重為50%。歐盟成員國的高等教育機構中，董事會成員中平均只有36%的是女性。但只有4個成員國的比例高於此平均數，分別是瑞典為49%，芬蘭為45%，克羅地亞和葡萄牙為38%。還有一些歐盟國家女性在研究機構決策層中的比重小於20%，如捷克為12%，盧森堡為15%，義大利為17%，立陶宛為18%，匈牙利為19%。

女性的意見往往在研究決策中未能被充分代表，這會影響女性在研究決策中的參與性。通常認為在決策小組中至少要有40%的女性，女性的意見才能充分被代表。但根據2014「歐洲研究區調查」，只有35.8%的研究評估機構將這一性別構成比例作為其要實現的目標。雖然研究和創新領域中的性別平等問題已經引起了成員國更多的關注，然而改革的步伐還是太緩慢，研究工作中的性別歧視問題、尤其是決策層中女性研究人員缺乏的問題仍然存在。研究相關機構的制度改革是必要的，並且要加強歐盟層面的制度協調性。目前，「相關利益者平臺」的各成員已經重視克服成員國關於公共研究機構性別平等方面差異的問題。歐盟也已經加大瞭解決性別不平等問題的資助力度，每隔三年發布「她數據」（She Figures），使性別不平等問題得到廣泛關注，在其所有的專家組成員中推行40%的性別代表性原則。只要從歐盟到成員國的政府再到研究相關機構都重視這個問題，相信研究界的性別不平等問題一定會慢慢改善。

五、科學知識的流通、獲取和轉化

知識是創新系統中的核心要素，科學知識的流通、獲取和轉化直接影響著創新的效果。歐洲研究區建設的重要內容之一就是使知識得到自由而有效的流動，主要通過三個途徑：第一，使科學家、研究機構、企業和公民能夠便利地獲取、共享和使用現存的科學知識。第二，加強研究界、產業界和教育界的聯繫，通過開放式創新增強公共科研機構和私人企業部門之間的知識轉化。第三，通過建設數字化歐洲研究區使得研究者通過網絡在線使用電子設施和數字化研究服務，進行合作研發或計算和獲取科學信息，從而有利於在研究過程中開展有效的合作。因此，對這一優先領域的建設情況也主要從這三方面進行評價。

（一）科技出版物和數據的開放獲取

科技出版物和數據的開放獲取會產生重要的經濟和社會效益。在歐洲，越來越多的大學、研究中心和基金機構支持研究出版物和數據的開放獲取。歐盟通過制定相關政策、資助及參與相關項目來支持將通過同行評議的研究成果實現開放獲取，還積極通過歐洲研究區「利益相關者論壇」組織敦促研究機構

積極展開相關行動。2014年的《研究人員報告》顯示，有20個成員國採取了特別措施以支持研究出版物的開放獲取，但是只有5個國家對研究數據的開放獲取制定了專門的制度條款，有6個成員國將促進開放獲取寫入成員國法律，分別是波蘭、西班牙、瑞典、立陶宛和匈牙利①。《歐洲研究區發展報告2016》顯示，已有24個成員國制定了關於支持開放式獲取的相關政策。但開放獲取和再利用研究數據仍在法律、技術、經濟成本、相互信任度和社會文化方面存在障礙。各成員國政策的差異性和行動的分散化還不能真正達到實現開放獲取的條件。

出版物和數據的開放獲取是有成本的，因此研究基金組織的作用很關鍵，但是據「2014年歐洲研究區調查」結果顯示，對開放獲取通常給予支持的基金組織只占44.6%，說明支持出版物和數據的開放獲取並沒有成為成員國的基金機構的普遍行為。研究執行機構是出版物和數據的主要提供者，所有參與「2014歐洲研究區調查」的研究執行機構聲明其曾經將研究數據免費放在互聯網上，但是經常這樣做的機構只占19.4%。這些數據都體現歐盟成員國之間的科技出版物和科學數據的開放獲取還很有限，阻礙了科學知識的流通。

(二) 促進知識轉化

提高知識轉化能力是實現創新的關鍵，目前歐盟成員國都採取了促進知識轉化的戰略；注重知識轉化行為的專業化，建立負責知識轉化的專門機構並加強其工作；加強學術界和產業界之間的聯繫，建立戰略夥伴關係，聯合研發。大部分成員國都已制定促進知識轉化的相關政策，但較缺乏資金支持。16個成員國執行了加強知識轉化的國家戰略，包括奧地利、比利時、保加利亞、捷克、德國、丹麥、愛沙尼亞、法國、克羅地亞、愛爾蘭、立陶宛、盧森堡、拉脫維亞、荷蘭、波蘭和瑞典。在這些國家中，絕大多數都有戰略配套資金。奧地利、荷蘭、拉脫維亞、波蘭和英國建立了知識轉化國家網絡。比利時、德國、丹麥、愛沙尼亞、法國、盧森堡、拉脫維亞、馬耳他、荷蘭、羅馬尼亞和瑞典支持知識轉化活動的專業化。

根據「2014歐洲研究區調查」，幾乎所有成員國的研究基金組織支持對其資助的項目進行轉化，經常支持這項工作的基金組織占歐盟平均值的69.3%。但成員國之間的差異性很大，超過這一平均值的成員國只有8個。在低於平均值的歐盟成員國中，只有8個成員國有相關的知識轉化戰略。目前，很多研究

---

① 開放式獲取指讀者可以在互聯網上獲取免費的科學信息，這種科學信息一般有兩類：一類是經過同行評議的發表在學術期刊上的科研論文；一類是科學研究數據。

執行機構都有專門的知識轉化機構，體現了其對知識轉化的重視。調查顯示，平均70%的研究執行機構設有技術轉化辦公室。超過50%的研究執行機構有負責知識轉化的專業人員。

科技成果轉化能力低下是影響歐盟創新能力的重要因素，從上述數據可以看出，無論是成員國政府還是研究基金機構和研究執行機構，對知識轉化的重視度都在提高，但是還有待進一步加強具體措施的執行力度。

加強高校、公共研究機構和企業的知識轉化能力才能夠實現創新並促進經濟增長，才能夠使研究資金得到有效的利用。增強知識轉化的有效途徑就是增強高校、研究機構和企業之間的聯繫，政府也應該設置負責知識轉化的專門機構，使知識轉化活動真正成為一種專業化活動。

（三）數字歐洲研究區

在信息化高速發展的時代，數字化是知識生產、獲取和轉化的重要手段。一些成員國已經採取了措施，發展數字化的歐洲研究區以實現在線獲取研究資源和服務以及在線進行研究合作。數字歐洲研究區有助於實現各主體間便捷而緊密的聯繫，有助於各主體的交流與合作，有助於知識更便捷地流通。

據《歐洲研究區發展報告2013》顯示，在發展數字化歐洲研究區領域，已經有7個成員國採取了廣泛的支持行動，如制定有關數字化研究服務的規定、發展電子研究設施和無縫電子獲取技術。至少還有14個成員國在發展數字化歐洲研究區方面有一些舉措，如一些成員國發展數字化服務和電子研究設施，一些成員國發展電子設施和電子獲取，至少11個成員國已經制定了關於研究者電子身分認證的相關規定。歐洲研究區建設中，有影響力的利益相關組織——北歐應用研究合作組織（NordForsk）一直致力於發展電子科研[①]，其成員國丹麥、芬蘭、冰島、挪威和瑞典已經簽署了一項為期十年的協定，共同發展先進的科研信息通信服務。《歐洲研究區發展報告2013》顯示，接受調查的機構中，20%的研究基金機構對發展和從事數字研究服務進行資助，超過50%的研究執行機構已經提供過多種形式的電子服務，如數據庫、軟件提供和計算服務。在歐盟，超過40%的研究執行機構參加了研究人員的電子身分聯盟計劃。

對歐洲研究區五大優先領域的建設情況進行分析後可以得出結論，歐洲研究區的建設在各個優先發展領域都取得了一定的進展，但是歐盟、成員國及各

[①] 電子科研由英國於2000年提出，是為了應對當時各學科研究領域所面臨空前複雜化的問題，利用新一代網絡技術（Internet）和廣域分佈式高性能計算環境（Grid）建立的一種全新的科學研究模式，即在信息化基礎設施支持下的科學研究活動。

利益相關機構的發展程度不同。歐盟態度最積極，採取法律、政策、資金、合作平臺等多種措施推進歐洲研究區的建設，而成員國政府的政策支持及執行情況差異很大，與研究有關的利益相關機構對歐洲研究區各項行動的具體執行情況也差別很大。未來只有各主體進一步團結合作，將歐洲研究區的各項發展措施落到實處，才能掃清歐洲研究區建設的障礙。

第二節 歐盟創新能力評價

歐洲研究區是在 2000 年制定「里斯本戰略」之時提出的，「里斯本戰略」的最根本目的是通過提升創新能力使歐盟成為世界上最有競爭力的經濟體。可見歐盟是將歐洲研究區的設立作為提升歐盟創新能力的途徑，建設歐洲研究區是近些年來歐盟在提高其創新能力方面最重要的發展舉措之一。歐洲研究區的最終目標是通過提升歐盟創新系統的效率、效果和卓越性從而提高歐盟的創新能力，泛區域創新系統是否有效也要從其是否提高了整個系統的創新能力來判斷，因此評價歐洲研究區的建設成效還應該對歐盟的創新能力是否得到提高進行評價。本節主要從創新競爭力、創新增長率、研發投入增長率和研究人力資源增長率幾個方面來評價歐洲研究區在提高創新能力方面的建設成效。

一、歐盟的創新競爭力

創新競爭力的大小是與競爭對手比較得出的。歐盟每年都會發布《創新聯盟記分牌》（Innovation Union Scoreboard，簡稱 IUS），記分牌評估的國家除了歐盟成員國和一些尚未加入歐盟的歐洲國家外，也對澳大利亞、巴西、加拿大、中國、印度、日本、俄羅斯、南非、韓國和美國進行評價，這些國家目前被歐盟視為在創新方面的主要競爭對手。

歐盟於 2016 年發布的《歐洲創新記分牌》，對歐盟和這幾個國家的創新能力進行了比較。運用與研發行為相關的（包括人力資源，研究系統開放性、卓越性和吸引力，金融支持，企業投資，企業聯繫與創業，智力資本，經濟影響）7 個維度的 12 個指標進行分析，如圖 5-2 所示，用 12 個指標構建的綜合指標體系對各國創新能力進行評價，橫軸代表評價分數，得分從最低水準 0 到最高水準 1。可以看出，韓國、美國和日本的表現好於歐盟，尤其是韓國表現突出，創新能力排名世界第一。與傳統競爭對手美國和日本相比較，歐盟仍處於落後地位。說明經過十幾年的發展，當初「里斯本戰略」所提出的趕超美

國和日本，使歐盟成為世界上創新競爭力最強國的目標仍未實現。與其餘國家相比，歐盟的創新能力處於領先地位。澳大利亞和加拿大分別為歐盟創新能力水準的62%和79%。與金磚國家（巴西、俄羅斯、印度、中國、南非）相比，歐盟的優勢更為明顯。中國目前的創新能力為歐盟水準的44%，但由於中國創新能力的增長速度要高於歐盟，因此中國正在逐漸縮小與歐盟在創新能力上的差距。可見歐盟在創新競爭力方面仍面臨很大的壓力，除美國、日本外，又出現了新的強勁對手。

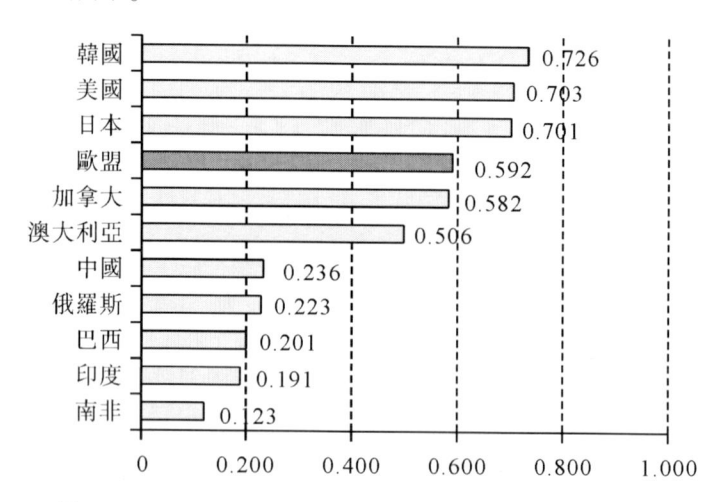

國家	數值
韓國	0.726
美國	0.703
日本	0.701
歐盟	0.592
加拿大	0.582
澳大利亞	0.506
中國	0.236
俄羅斯	0.223
巴西	0.201
印度	0.191
南非	0.123

圖 5-2　2008—2015 年歐盟及其主要競爭對手的創新能力圖

圖片來源：European Innovation Scoreboard 2016。

二、歐盟的創新增長率

《創新聯盟記分牌》對歐盟成員國的研究和創新能力、以及研究和創新系統的相對優勢和劣勢進行了對比性評估。

如圖 5-3 所示，2008—2015 年韓國的創新增長率是歐盟的兩倍多，因此韓國不僅創新能力強於歐盟，而且歐盟與韓國的差距在拉大。由於歐盟創新行為的增長率略高於美國和日本，因此歐盟與美國和日本的創新能力差距開始縮小，但追趕上美國和日本還有待時日。中國的創新增長率高於歐盟5倍多，正在快速追趕歐盟。所以歐盟面臨的形勢還是很嚴峻，要想成為世界上創新能力最強的國家，還需要大幅提高其創新增長率。

2016 年的《歐洲創新記分牌》體現，在 2008—2015 年，歐盟國家創新系統的開放性、卓越性和吸引力得到了很大提高，增長率為 2.9%，成員國之間的網絡合作性以及國際合作性更強。中小企業間的創新合作也增加了，創新型

中小企業之間的合作增長了2.5%，海外授權和專利收入增長了11.3%，說明歐洲企業的創新能力得到了提高，企業與公共或私營夥伴之間的合作增加。通過《歐洲創新記分牌2016》可以看出，歐盟國家創新系統的開放性、科研人力資源、科技創新對經濟的影響力等各項指標都有不同程度的改善，這些領域正是歐洲研究區致力於建設的方面，歐洲研究區建設中通過加強科研人員培訓和流動，發掘科研人力資源最大潛力，提高了歐盟科研人力資源的質量；通過促進科技和創新的國際交流與合作，增強了歐盟成員國國家創新系統的開放性以及歐盟泛區域創新系統的開放性。可見歐洲研究區在科研人員教育、培訓及增加流動性方面的工作以及提高創新系統效率、增加開放性方面的工作是有成效的。

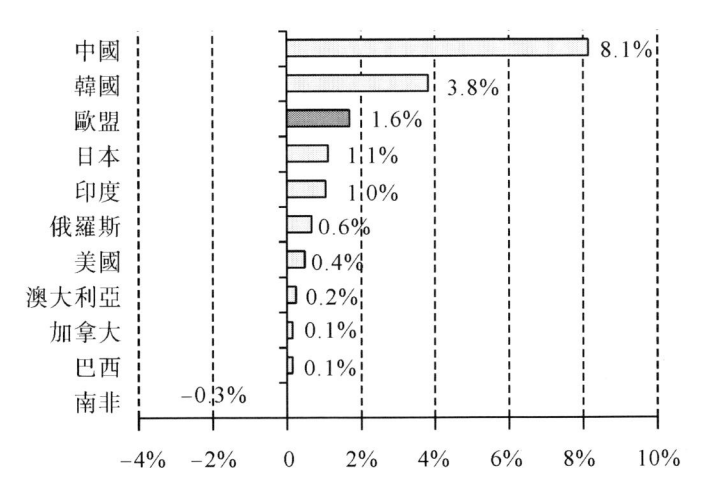

國家	增長率
中國	8.1%
韓國	3.8%
歐盟	1.6%
日本	1.1%
印度	1.0%
俄羅斯	0.6%
美國	0.4%
澳大利亞	0.2%
加拿大	0.1%
巴西	0.1%
南非	-0.3%

圖5-3 2008—2015年歐盟與主要競爭對手的創新增長率圖

圖片來源：European Innovation Scoreboard 2016。

歐洲研究區建設在提高歐盟各國創新能力的基礎上，加強各國的創新合作，將進一步推進歐盟整體創新能力的提高。

三、歐盟的創新投入

研發是創新鏈條的起始環節，增加研發投入是增強創新能力的必要前提。歐盟早在2000年3月的巴塞羅那峰會上就通過了一項重要決議，被稱為「巴塞羅那目標」，即到2010年將歐盟的研發支出從當時占國內生產總值（GDP）的1.9%提高到3%，其中2/3的投入來自私人企業。這個目標不僅在2010年未實現，到目前為止仍未實現。這個目標已經被納入「歐洲2020戰略」。歐盟估計，2020年如果研發總支出達到GDP的3%，將會到2025年創造370萬個

就業崗位，並每年度增加近 8,000 億歐元的 GDP，因此實現「巴塞羅那目標」對促進歐盟經濟增長和增加就業具有重要的意義。

表 5-4　　　　　　　各地區研發支出占 GDP 比重表　　　　　單位：%

年份（年） 國別	2006	2007	2008	2009	2010	2011	2012	2013	2014	2015
歐盟 28 國	1.685	1.693	1.760	1.838	1.837	1.878	1.918	1.927	1.951	1.958
美國	2.550	2.627	2.767	2.819	2.740	2.770	2.706	2.742	2.756	2.788
日本	3.278	3.340	3.337	3.231	3.137	3.245	3.209	3.315	3.401	3.286
韓國	2.831	3.000	3.123	3.293	3.466	3.744	4.026	4.149	4.289	4.232
中國	1.369	1.373	1.445	1.662	1.710	1.775	1.906	1.990	2.021	2.067

數據來源：OECD https://data.oecd.org/rd/gross-domestic-spending-on-r-d.htm。

從表 5-4 中可以看出，與歐盟主要競爭對手相比，歐盟研發投入占 GDP 的比重最低，韓國的比重是歐盟的兩倍還多，美國和日本也遠遠高於歐盟平均值，中國也逐漸趕超了歐盟。

目前歐盟的研發支出情況並不樂觀，如表 5-4 顯示，2015 年歐盟研發支出占 GDP 的比重約為 1.958%，要達到 3% 的比重還要增長 1 點幾個百分點，而歐盟過去的 9 年間，這一比重值僅增加了 0.16 個百分點，如果不提高研發投入的增長速度，到 2020 年，「巴塞羅那目標」肯定是完不成的。

從表 5-5 中可以看出，歐盟 28 國的研發支出在持續上漲，只是在歐債危機開始蔓延的 2010 年略有下降。但從表中可以看出，對研發支出增長做出實質貢獻的是企業部門，而政府部門、高等教育機構和私營非營利機構對研發的支出從 2010 年以來基本沒有變化，高等教育機構在 2011 年還略有下降。儘管企業的研發支出一直在增長，但在所有部門研發支出中的比重尚未達到 2/3。因此總體來說，歐盟距離實現「巴塞羅那目標」還有一定的差距，僅靠企業的努力還不夠，需要各部門共同努力。

表 5-5　　　歐盟 28 國各部門研發支出占 GDP 的百分數表[①]

部門 年份(年)	所有部門	企業部門	政府部門	高等教育部門	私人非盈利部門
2005	1.76	1.11	0.24	0.4	0.02ᵉ
2006	1.78	1.13	0.23	0.4	0.02ᵉ

---

① e 代表估計數值。

表5-5(續)

部門 年份(年)	所有部門	企業部門	政府部門	高等教育部門	私人非盈利部門
2007	1.78	1.13	0.23	0.4	0.02ᶜ
2008	1.85	1.17ᶜ	0.24ᶜ	0.43ᶜ	0.02ᶜ
2009	1.94	1.2ᶜ	0.26ᶜ	0.46ᶜ	0.02ᶜ
2010	1.93	1.19ᶜ	0.25ᶜ	0.47ᶜ	0.02ᶜ
2011	1.97	1.24	0.25	0.46	0.02ᶜ
2012	2.01	1.27	0.25ᶜ	0.47	0.02ᶜ
2013	2.02ᶜ	1.29ᶜ	0.25	0.47	0.02ᶜ

數據來源：歐洲統計局。

歐盟各國對研發和創新的重視程度不同，一些國家認為研發和創新是經濟增長和社會發展的關鍵要素，因此相關財政支持力度很大，即便在歐債危機的困難時刻也盡量保證了對研發與創新的投入。政府對研發與創新的支持分為直接支持和間接支持兩種形式。直接支持一般可以直接體現為研發支出占GDP的比重，間接支持可以體現為對創新項目的減稅優惠、政府採購等。

《歐洲創新記分牌2016》顯示，歐盟對創新的資金支持2008—2015年的增長率為-2.1%，其中有17個成員國都是負增長，歐盟風險資本對創新的投入更是下降了5.9%。從2007年的美國次貸危機開始到2009年歐洲債務危機爆發並在歐洲逐漸蔓延，使很多歐洲國家陷入了財政緊縮的窘境，歐盟整體經濟增長也受到了打擊。創新投入肯定是受到了經濟危機的影響，由於歐盟多個國家面臨財政緊縮的壓力，有些國家削減了創新投入特別是對跨國研發項目的支持，這些舉措勢必會影響歐洲研究區的建設進程。國家的財政緊縮與經濟不景氣也必然會影響企業對創新的投入以及風險資本對創新的投入。歐盟的科技創新投入絕大部分取決於成員國的投入，如果成員國對歐洲研究區的支持只是停留在從聲明上表示支持，而不從最基本的增加創新投入著手做起，歐洲研究區的實現將遙遙無期。

四、歐盟科研人力資源狀況

科研人員是實現創新的最重要資源。一國創新能力的強弱與科研人力資源的數量和質量有直接關係。

(一)歐盟科研人力資源的存量

《歐洲創新記分牌2016》顯示,2008—2015年,歐盟科研人員數量有所增加,其中新增博士畢業生增長了2%,30~34歲年齡段的科研人員接受了高等教育的人口數增長了3%。但與美國和日本相比,歐盟科研人力資源在勞動者中的比重仍然落後,如表5-6所示。

表5-6　　　歐、美、日每千名勞動力中研究者的比重表　　　單位:%

年份(年) 國別	2007	2008	2009	2010	2011	2012	2013	2014	2015
歐盟28國	6.370	6.582	6.837	7.094	7.198	7.469	7.704	7.776	8.027
美國	7.644	8.066	8.801	8.479	8.814	8.733	8.933	9.103	9.139
日本	10.289	9.888	9.988	10.017	10.032	9.917	10.076	10.358	10.006
韓國	9.471	10.015	10.384	11.084	11.916	12.787	12.840	13.495	13.743
中國	1.890	2.107	1.520	1.591	1.725	1.830	1.928	1.973	2.090

數據來源:OECD, https://data.oecd.org/rd/researchers.htm#indicator-chart。

從表5-6中可以看出,雖然歐盟每千名勞動力中研究者的比重有所增長,但在這一指標上,目前,除了高於人口眾多的中國外,與其他主要競爭對手相比,每千名勞動者中研究人員的比重還是偏低。

在2000年歐洲研究區提出之際,歐盟對其創新競爭力產生憂慮的其中一個因素就是當時歐盟與美國和日本在研究人員存量方面存在的差距,《建立歐洲研究區》報告中採用的是1997年各國每千名勞動力中研究人員的數量的對比圖,如果將1997年的數據與2015年的數據放在一起進行比對,可以看出,歐盟每千名勞動力中研究人員的比重雖然提高了,但是與美國和日本仍然存在差距。所以在歐洲研究區建設過程中,雖然歐盟科研人力資源存量增加了,但仍落後於美國和日本,只有努力提高科研人員增長率,才能逐漸縮小差距。

增加科研人才的存量就需要進一步完善教育和培訓體系,不僅增加歐盟本土的研究人才,還要吸引世界上其他國家的科研人才。在現有的科研人才存量的基礎上,充分提高科研人員的流動率,實現人才的共享也可以達到增加人才存量的效果。對於歐盟國家來說,阻礙人才流動最大的障礙來源於制度。

(二)在產業界工作的研究人員的數量

創新最終由產業界實現,因此增加產業界的研究人員的數量是增強歐盟創新能力的前提條件。與美國和日本相比,歐盟在產業界工作的研究人員數量較少,只占到研究人員總量的45%,而美國的這一比重是78%,日本為74%。歐盟的博士生尤其是處於研究生涯初級階段的博士生往往缺乏在產業部門就業

的能力，這與博士生缺乏在產業部門的實習和培訓是有關的。因此，在未來的歐洲研究區建設中還需要在這一方面加強。

（三）對科研人才的吸引力

非本地生源的博士生數量是一國和地區對人才吸引力的重要評價指標。2011年，歐盟所有的博士生中有68%選擇在本國就讀，8%在其他歐盟成員國就讀，24%是來自世界其他地區的生源。英國和法國的非歐洲籍博士生的比重比較高，分別為30%和35%，在西班牙、丹麥、葡萄牙和德國等老牌成員國中，這一比重也相對較高，都在10%以上，新成員國的比重一般都低於5%，立陶宛只有0.03%。可見歐盟新成員國對科研人才的吸引力還較差。

通過本節的分析可以看出，雖然歐洲研究區建設在五大優先發展領域都已經取得了一定成效，但從歐洲研究區建設的目標看，歐盟在全球的創新競爭力並沒有達到預期目標，科研投入和科研人力資源也尚需要加快發展速度，創新能力還有待進一步提升。

第三節　歐洲研究區建設的成就與不足

一、歐洲研究區建設取得的成就

（一）促進了歐盟成員國研究創新合作機制的發展

歐盟在建設歐洲研究區的過程中積極發展夥伴關係，協調歐盟、成員國及各研究創新相關組織之間的關係，在廣泛徵詢各方意見的基礎上做出合理決策，構建共同的發展遠景並制定各種發展路線圖和具體發展方案，協調成員國及地區之間的利益，推動研究與創新相關機構開展跨國合作。在歐盟各國加強科技創新合作的進程中，歐盟依照《里斯本條約》第185條賦予的權力參與由若干成員國承擔的研究和開發計劃並制定條款，在推動歐盟各國創新合作中起到關鍵作用。歐盟在歐洲研究區建設的十幾年中不斷摸索，通過多種方式在成員國間推動合作機制的建立和完善，並且逐漸得到成員國及研究創新相關機構的認可。在項目中的合作會增進參與各方的信任度，往往會進一步持續合作，最終確立較持久的合作夥伴關係，形成較完善的研究創新合作機制。

（二）推進了歐盟層面研究和創新政策的發展

一直以來，研究和創新政策是歐盟和成員國共同作用的政策領域，歐盟各國研究和創新政策的不一致也是阻礙歐盟科技創新一體化發展的重要因素。歐洲研究區的建設從三個方面促進了歐盟層面研究和創新政策的發展。第一，以

獲取資助為條件要求申請者執行歐盟制定的政策和制度。歐洲研究區發展過程中，一些資金資助計劃將成員國是否遵守歐洲研究區的規則作為成員國及研究機構能否接受資助的前提條件，這就促使各成員國研究和創新政策在歐洲研究區規則的指導下逐漸趨於一致。第二，歐盟通過合作研發項目平臺促進共同研究與創新政策的發展。歐洲研究區發展中歐盟建立了多種形式的合作研發項目平臺，在這些由多個成員國參與的聯合科研項目中，成員國要遵守歐盟制定的規章制度，這些參與項目的制度規則隨著參與科研合作的成員國數量的增加會發展成歐盟層面的研究和創新政策。第三，隨著歐盟成員國之間多種形式合作的增多，在合作中會促使成員國制定共同遵守的制度和政策，隨著加入合作的成員國數量的增多，這些共同遵守的制度會轉化為歐盟層次的政策。如ERSFRI，促進歐盟成員國共建具有泛歐利益的研究基礎設施，使參與論壇的成員國逐漸開放其國內的研究基礎設施，這必將促進成員國在建設和共享研究基礎設施方面的政策趨於一致，逐漸形成歐盟層面的相關政策。隨著歐洲研究區在成員國間認可度和支持度的提高，歐盟各國的研究和創新政策也趨於協調和一致，並推動了歐盟研究和創新政策的發展，從而為歐盟科技創新一體化的進一步發展打下基礎，進而有利於歐盟通過推進歐盟科技創新一體化進程進一步推動歐洲一體化進程。

（三）促進了知識的流動

知識是創新系統中的核心要素，在歐洲研究區建設過程中，通過縱向協調歐盟、成員國及地區之間的關係，橫向協調各創新相關主體之間的聯繫，為知識在系統內各主體間、在創新鏈條的各個環節自由流動創造了條件。第一，歐洲研究區建設通過 EURAESS 和「瑪麗·斯克沃多夫斯卡·居里行動」促進了作為知識載體的研究人才的流動，研究人員是知識的載體，通過研究人員的自由流動也可以使得知識隨研究人員的流動而流動。第二，歐洲研究區建設通過推廣研究出版物和數據的開放獲取，將接受公共資金資助並通過同行評議的論文在網絡上採用免費獲取等方式促進研究成果的共享，也促進了知識的傳播和流動。第三，歐洲研究區建設通過加強各創新主體的夥伴關係、建立各種交流平臺，同樣促進了知識在不同創新主體間的流動。

（四）在一定程度上改善了歐洲研究區的市場失靈和系統失靈問題

歐洲研究區建設過程中，整合歐盟、成員國及地區的研究資源，共同增加研究創新投入，在一定程度上解決了某些重大研究項目的資金短缺問題，緩解了投入失靈。通過整合歐盟研究力量、優化研究資源配置，一定程度上解決了創新能力失靈的問題。通過積極促進企業牽頭的研究平臺的建設，充分發揮了

企業在創新轉化方面的優勢，同時歐盟將聯合研究的領域主要定為歐盟各國亟待發展的科研領域及共同面臨的社會挑戰方面，發展了以需求為導向的創新，在一定程度上解決了市場信息失靈對創新帶來的負面作用。在歐洲研究區建設中，通過向落後地區加大科研和創新投入、選派研究領域一流專家到落後地區有發展潛力的高校和研究機構等，提升了歐盟欠發達地區研究機構的創新能力，在一定程度解決了其組織失靈的問題。在歐洲研究區的發展過程中，科研投入制度、專利制度、研究人力資源制度等方面都有一定的發展，完善了歐盟科研和創新的制度環境，緩解了制度失靈的問題。在歐洲研究區建設過程中，成功開發了一系列治理工具，對推動創新主體之間建立合作網絡起到了重要的作用。如通過歐洲創新與技術研究院整合歐盟各國高等院校、創新企業和科研機構的創新力量，開展公私合作。通過聯合項目計劃、歐洲技術平臺、聯合技術行動等推動產學研機構之間的跨國合作，這些措施有助於解決歐洲研究區中的互動機制失靈問題。在歐洲研究區建設中，通過共建大型研究基礎設施和促進研究設施的共享，逐步解決設施失靈問題。

(五) 設置了有效的監督機制

歐洲研究區在超國家層面上的治理往往欠缺力度，這就必須建立強有力的監督機制彌補其不足，否則歐洲研究區在建設中很容易出現偏差。歐盟在建設歐洲研究區的過程中逐漸建立起了有效的監督機制。首先，明確歐洲研究區的概念、遠景目標、優先發展領域，在成員國一致接受的情況下，通過定期評估歐盟各國的執行情況，及時發現問題和偏差，找到出現問題的原因並提出解決方案或調整發展戰略和方案，向著最終目標不斷推進。有效的監督機制是歐洲研究區能夠順利開展建設的重要保障。在「歐洲創新記分牌」的基礎上，歐盟委員會定期發布各種歐洲研究區相關的報告，如《歐洲研究區發展報告》，對歐洲研究區建設情況進行階段性評價，各行為主體通過這些報告可以瞭解到歐洲研究區建設在歐盟層面和成員國層面的最新進展，瞭解其他行為體行動開展的效果，並通過數據找到自身的差距，有目標地進行調整和改進。歐盟還將歐洲研究區的建設納入歐洲學期的監管下，如果成員國在預算方面和經濟改革方案中對歐洲研究區建設沒有具體的實質性安排，歐盟委員會將指出並提出意見，這將促進歐洲研究區更快速地發展。有效的監督機制可以及時獲得關於成員國改革進展及研究機構執行效果的準確信息，為歐洲研究區改革方案的確定及相關政策的制定提供可靠的依據。

(六) 推動了泛區域創新系統理論的發展

歐洲研究區作為歐盟的泛區域創新系統，是第一次真正將泛區域創新系統

的理論運用於實踐。歐洲研究區所取得的初步成就證明了泛區域的創新系統是有現實可行性的。歐洲研究區的建設推動了泛區域創新系統理論的發展。

1. 超國家機構在泛區域創新系統中的重要性

在泛區域創新系統中，涉及跨國層面的協調，靠成員國之間自發的互動與合作是不夠的，各國之間的定期溝通機制和政治承諾都不能保障泛區域創新系統的形成和發展，必須成立一個超國家機構進行總體協調和監督，逐漸制定所有成員共同遵守的政策和準則，才能保障泛區域創新系統的發展。因此泛區域系統中需要在主權國家之上成立一個超國家機構進行強力的推動和協調。

2. 在開放式協調和夥伴治理基礎上建立合作機制

泛區域創新系統中各主體之間的聯繫比較鬆散，穩定合作機制的建立更加困難。歐洲研究區通過廣泛的開放式協調治理和夥伴治理為各國的研究和創新搭建合作平臺，為創新鏈條上各個部門之間的合作搭建平臺，使各主體在合作中進一步加強信任和瞭解，互相學習，形成研究的網狀互動合作機制，建構起泛區域創新網絡。因此，在泛區域創新系統的發展過程中加強夥伴關係，通過開放式協調機制進行重大決策和方案的制定是一種可行的治理方式。

3. 在泛區域創新系統內實現制度統一的重要性

制度安排是創新系統的重要組成部分，由於泛區域創新系統涉及不同國家的制度，制度差別會阻礙合作機制的進一步完善，也會影響知識在系統內的完全自由流通。歐洲研究區通過搭建各種項目合作平臺和主體交流平臺逐漸在小範圍實現制度和政策的統一，再逐漸向整個歐洲研究區推廣，最終在泛區域創新系統內實現制度統一。

當然，歐洲研究區成員國之間互動機制的探索還有待進一步發展，統一的制度安排更是需要長時間的協調和發展，但歐洲研究區對泛區域創新理論的推進將給世界上其他國家和地區間建立更密切的國際研究與創新合作提供啟示。

二、歐洲研究區發展的不足

歐盟在制定「里斯本戰略」之際，提出建設歐洲研究區，希望通過打造統一的研究區域在歐盟統一市場的基礎上進一步實現研究人員、知識和技術的自由流通。歐盟將2014年定為歐洲研究區的實現之年。目前來看，歐盟在推動歐洲研究區建設上做出了很多努力，從法律、政策的制定和推行到各種工具的開發和利用。在歐洲研究區各方主體共同的努力下，雖然研究人員、知識和技術的流通有所加強，區內各主體之間的合作機制正在建立，歐洲研究區的政策指導作用在加強，但成員國及研究相關機構對歐洲研究區建設的支持和參與

力度還有待加強，歐洲研究區未來發展的重點集中在歐盟成員國及與研究相關的機構的改革與政策的執行上。

（一）歐盟成員國關於歐洲研究區建設的政策有待進一步完善

歐洲研究區的建設理念和相關建設內容已經成為歐盟和成員國制定研究和創新相關政策時的重要參考內容，歐洲研究區在歐盟成員國政策制定中的指導作用加強。但如果對成員國制定歐洲研究區相關政策的情況進行評價，結果並不樂觀。

歐盟對成員國關於歐洲研究區的政策支持情況進行評價，如果確認成員國有關於歐洲研究區的相關政策，得分為1，反之為0。歐洲研究區建設行動的執行情況如果高於歐盟平均值，得分為1，反之為0。評價內容和結果如表5-7所示。

表5-7　　　成員國對歐洲研究區政策支持情況評價表

政策領域	政策支持 有	政策支持 無	政策執行 高於歐盟均值	政策執行 低於歐盟均值
按績效撥款	1	0	1	0
基於機構評估情況對機構撥款	1	0	1	0
聯合研究日程的資金支持	1	0	1	0
性別行動計劃的執行	1	0	1	0
基金組織支持性別平等	1	0	1	0
由女性領導的研究機構	1	0	1	0
基金機構的項目內容包括性別層面內容	1	0	1	0
研究執行機構的項目內容包括性別層面內容	1	0	1	0
基金機構支持出版物的開放獲取	1	0	1	0
基金機構支持數據的開放獲取	1	0	1	0
研究執行機構提供可開放獲取的數據	1	0	1	0
基金機構支持知識轉化	1	0	1	0
設有技術轉化辦公室	1	0	1	0
聯合身分認證措施	1	0	1	0

數據來源：*European Research Area Facts and Figures* 2014。

通過對成員國的政策制定和執行情況進行評分後，計算並簡單加總後得出如下結果：

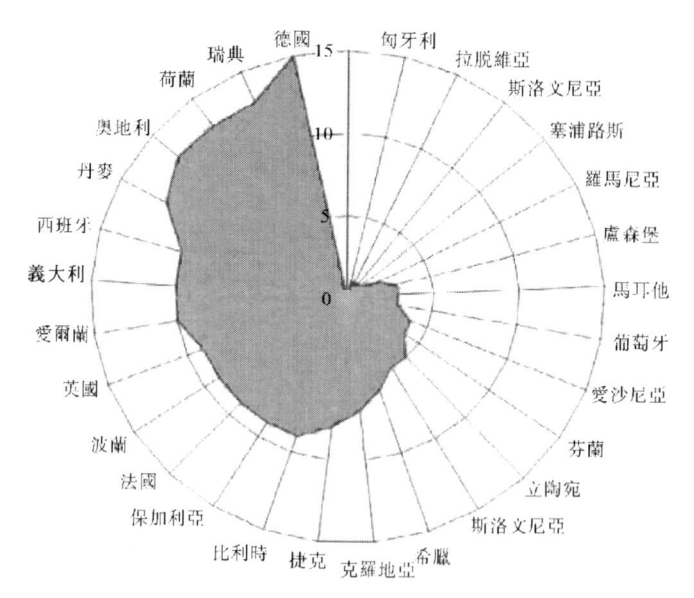

圖 5-4　歐盟成員國歐洲研究區的相關政策制定情況得分圖

圖片來源：《歐洲研究區發展報告 2014》。

從圖 5-4 中可以看到，只有德國對表中所有政策領域都有相關支持政策，得分為滿分 15 分。得分在 10 分及以上的國家有瑞典、荷蘭、奧地利、丹麥、西班牙、義大利和愛爾蘭 7 國。也就意味著這些國家制定了表中所列的 2/3 以上的政策。然而有 10 個國家得分在 5 分以下，其中匈牙利和拉脫維亞的得分僅為 1。得分在 10 分以上的國家僅為 8 個成員國，占全體成員國的比重不到 30%，可見建設歐洲研究區的相關政策在成員國中的制定情況總體上並不好。歐洲研究區的發展速度和發展水準主要取決於成員國的支持並配合建設的程度，取決於成員國相關政策和戰略的制定及執行情況。目前，歐洲研究區建設在政策制定方面還有很多需要進一步完善的地方，因此歐洲研究區的建設肯定也還需要一定的過程。

（二）　與研究有關的利益機構對歐洲研究區的支持度還有待進一步提高

研究相關機構是歐洲研究區的最基本主體之一，研究相關機構執行歐盟和成員國制定的歐洲研究區相關政策的情況直接決定了歐洲研究區的建設情況。目前來看，成員國的研究相關機構對歐洲研究區相關政策的執行情況有很大不同。根據《歐洲研究區發展報告 2014》的數據分析，將研究相關機構根據其

對歐洲研究區要求的遵從程度分為完全遵從、有限遵從和不遵從三類。

完全遵從歐洲研究區要求的組織（ERA Compliant）：高度參與歐洲研究區，對歐洲研究區的各項行動部分參與或完全參與。

有限遵從歐洲研究區要求的組織（Limited Compliance to ERA）：低度參與歐洲研究區的行動，參與了一些歐洲研究區的行動。

不遵從歐洲研究區要求的組織（ERA not Applicable）：研究性行為比較少的組織，歐洲研究區行動的執行情況不佳。

從調查數據來看，如果按機構數量來說，目前有限地遵從歐洲研究區要求的機構是最多的，為483家，完全遵從歐洲研究區要求的機構數量為424家，不遵循歐洲研究區要求的機構為165家。但如果從研究機構所代表的研究人員數量考慮，完全遵從歐洲研究區要求的組織代表著81%的研究人員。如圖5-5所示：

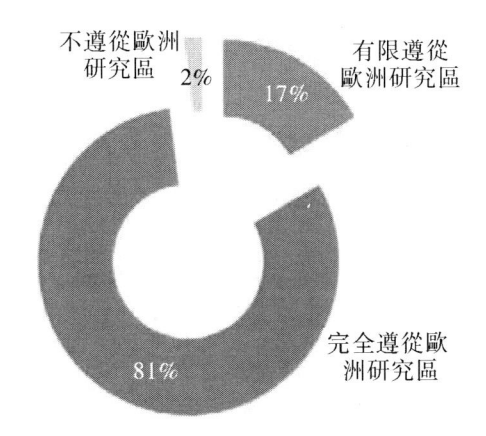

圖5-5　2013年歐洲研究區各類研究機構所代表的研究人員的比重圖

圖片來源：*European Research Area Facts and Figures* 2014。

但如果從成員國的研究相關機構對歐洲研究區相關政策的執行情況來看，結果非常不樂觀。

圖5-6顯示，在表5-6中所列的政策領域中，只有英國、芬蘭和荷蘭的研究相關機構在10個以上的政策領域中的執行情況均超過歐盟平均水準，在10個以上的政策領域中執行情況低於歐盟平均值的共有7個成員國，其中羅馬尼亞除一項政策領域外，其餘所有政策領域的執行情況均低於歐盟平均水準。可見，歐洲研究區相關政策的執行情況不盡人意。如果研究相關機構所做的具體工作不能有力推動歐洲研究區的建設，那歐洲研究區的發展將有很長的路要走。

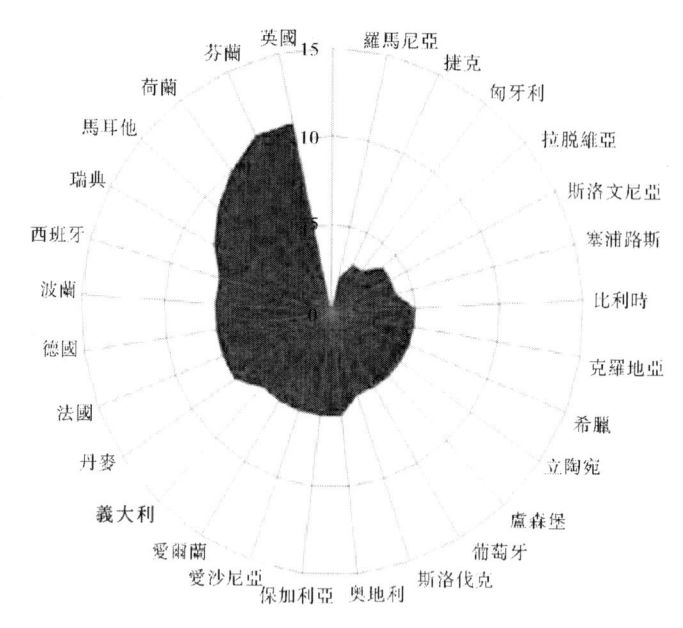

圖 5-6　成員國歐洲研究區相關政策的執行情況得分圖

圖片來源：*European Research Area Facts and Figures* 2014。

（三）歐盟成員國創新能力的較大差距影響全面合作機制的建立

歐洲國家經濟發展水準的不平衡是困擾歐盟多年的問題，也是造成歐盟諸多發展問題的根源所在。歐洲研究區是一個泛區域創新系統，將各國的創新系統包容在一個更大的系統中，只有各成員國及區域的子系統協調發展，各成員國的創新相關主體密切合作才能夠真正實現歐洲研究區的目標，如果成員國之間的創新能力差距太大勢必會影響子系統的協調與合作。雖然在歐洲研究區建設中，歐盟有很多重要舉措旨在促進欠發達國家和地區的創新能力的提升，如加大結構基金對欠發達地區教育、科研、培訓、研究基礎設施的建設和創新項目的投入，選派專家到欠發達地區實地考察並對其創新發展戰略進行指導，通過「歐洲研究區席位」行動選派研究領域的頂尖專家及其團隊到欠發達地區的高校和研究機構中工作，促進其創新文化的培養及創新能力的提升，但歐盟成員國之間的創新能力差距依然較大。

《2017 全球創新指數報告》顯示，如果不算英國，歐盟的瑞典、荷蘭、丹麥、芬蘭、德國、愛爾蘭都躋身前十，而歐盟國家創新力最差的五個國家排名分別是：希臘排名第 44 位，羅馬尼亞排名第 42 位，克羅地亞排名第 41 位，立陶宛排名第 40 位，匈牙利排名第 39 位。可見歐盟國家在國際上的創新競爭力差

距是很大的。

　　《歐洲創新記分牌2016》對成員國創新差距進行了測度。成員國之間的創新差距並沒有持續縮小，而是不斷反覆，如2009年成員國的創新差距比2008年擴大，之後一直趨於縮小，但2013年又有大的反覆，創新差距又加大。2014年差距縮小後，2015年差距又進一步擴大。造成成員國創新能力的差距的主要因素是知識的先進性、國際化程度及企業的創新合作水準存在較大差異。成員國在創新系統的開發性、卓越性和吸引力方面也存在很大差異。創新能力的差距影響著歐盟成員國之間的研究創新合作，但差距的縮小不是一朝一夕能實現的，探索不同創新能力的國家開展創新合作的方式也是歐洲研究區建設中面臨的一大難題。

　　根據成員國創新能力水準，可將歐盟國家分為四大組。

　　創新能力高於歐盟平均水準的「創新領袖國家」：瑞典（SE）、丹麥（DK）、芬蘭（FI）、德國（DE）和荷蘭（NL）。

　　創新能力接近歐盟平均水準的「高度創新國家」：愛爾蘭（IE）、比利時（BE）、英國（UK）、盧森堡（LU）、奧地利（AT）、法國（FR）、尼亞（SI）。

　　創新能力低於歐盟平均水準的「一般創新國家」：塞浦路斯（CY）、愛沙尼亞（EE）、馬耳他（MT）、捷克（CZ）、義大利（IT）、葡萄牙（PT）、希臘（EL）、西班牙（ES）、匈牙利（HU）、斯洛伐克（SK）、波蘭（PL）、立陶宛（LT）、拉脫維亞（LV）、斯洛文克羅地亞（HR）。

　　創新能力低於上述國家的「低度創新國家」：保加利亞（BG）、羅馬尼亞（RO）。

　　創新能力最強的國家之間的創新能力比較均衡，他們在研發創新投入、企業創新活動、創新產出、經濟效應各個方面的表現都很優異。與歐盟其他國家相比，「創新領袖國家」的研發投入較高，申請專利的數量也較多，高等教育部門與工業界和科學界的聯繫也較緊密。高度創新國家的表現也不錯，上述8個方面也都高於歐盟平均水準。只有德國在研發系統的開放性、優越性和吸引力這一方面的表現略低於歐盟平均水準。創新領袖國家、高度創新國家之間的差異性還在不斷縮小。

　　雖然「一般創新國家」和「低度創新國家」的創新增長率較高，如圖5-7所示，所有的「低度創新國家」和近半數的「一般創新國家」的創新增長率高於歐盟水準。同時，所有的「創新領袖國家」和半數的「高度創新國家」的創新增長率低於歐盟創新增長率。總體來說，創新能力較低的國家開始努力趕超。歐盟成員國之間創新能力的差距正在變小，但是縮小的速度下降了，目

前的速度與 2009 年相當。雖然在某些指標上，成員國之間的差異有所縮小，但如前幾節分析，成員國在發展歐洲研究區優先領域方面，往往創新能力落後的國家由於能力受限，優先領域發展的情況也較差，造成成員國在發展歐洲研究區上的進度差異較大。隨著成員國的增多，各國經濟發展水準、科技基礎、科研經費水準千差萬別，這就造成了雖然一部分差異小的國家間科技合作的密切程度加深，但歐洲研究區整體的合作機制及創新要素的自由流動存在困難。例如，要想進一步加強成員國之間的研究與創新項目合作，需要依靠統一的資金資助制度及資助項目的選拔方式。然而據《歐洲研究區發展報告 2013》顯示，只有30%的研究基金機構執行共同的項目選拔機制。如果成員國之間的創新能力差距過大，那成員國在共同選擇優先資助領域、確定共同資助標準及資金分配率上必然存在困難。

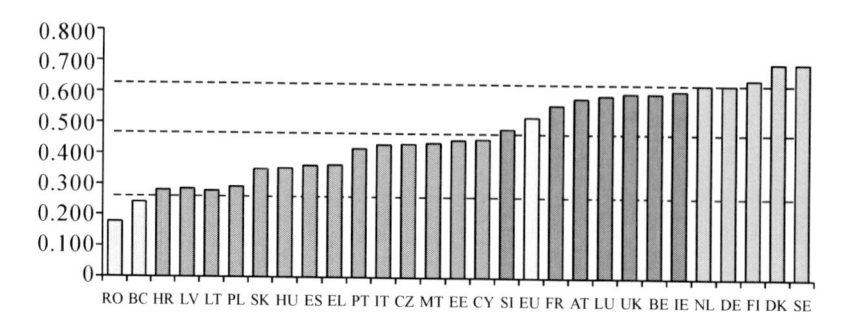

圖 5-7　歐盟成員國的創新能力排名圖

圖片來源：*Innovation Union Scoreboard* 2016。

第六章　歐洲研究區對中國的啟示

第一節　歐洲研究區對中國構建國家創新系統的啟示

中國計劃要在 2020 年建成創新型國家，使科技成為經濟社會發展的有力支撐，使創新成為驅動經濟增長的首要要素。「十三五」科技創新的總體目標是：國家科技實力和創新能力大幅躍升，創新驅動發展成效顯著，國家綜合創新能力的世界排名進入前 15 位，邁進創新型國家行列，有力支撐全面建成小康社會目標的實現。同時，要構建國家創新系統，促進知識的共享、人才的自由流動、科技創新項目在國家範圍內的合作，有效整合創新資源，是實現創新型國家的有效途徑。中國各區域發展不平衡現象還比較突出，在構建國家創新系統的過程中如何協調各區域創新系統、如何加強各區域間創新主體的有效合作、如何實現知識在國家創新系統中的自由流動、如何實現人力資源的跨區域流動與共享都是中國亟待解決的問題。歐洲研究區也是一個創新系統，與單一國家的創新系統相比更複雜，其在促進系統內知識流動和人才流動方面的一些做法很值得中國借鑑。

歐洲研究區是一個泛區域創新系統，歐盟在整合各成員國的創新系統、促進研究人員及知識自由流動方面進行了很多有益實踐，其成員國經濟發展水準及創新能力差距很大，這點與中國各地區差異情況有相似之處。因此，中國可以借鑑歐洲研究區的建設經驗，探索創新主體間有效的合作機制，促進中國的國家創新系統更好地發展。

一、政府自上而下的適時推動

制度安排是創新系統中的重要組成部分。在一個規模較大的創新系統中，

制度也會較複雜，各級政府的制度與各創新相關主體的制度交織在一起共同作用，必然需要一個最高層機構對各級制度安排進行統籌。在歐洲研究區的建設中，歐盟作為超國家機構，致力於協調各層級制度，通過制定總的發展戰略和框架，逐漸推動成員國之間科技創新政策的一致以及研發創新計劃的協調，設計有效的制度激勵社會增加對科研的投入，促進科研人員和科研成果的流動，促進各種合作平臺的建設，實施有效的監督機制等，對歐洲研究區的發展具有重要影響。在歐洲研究區的建設中，如果沒有超國家機構的強有力推動，僅靠各創新主體之間的自發合作，歐洲研究區的建設基本會停步不前。在歐洲研究區建設的這十幾年中，歐盟總是審時度勢，選擇有利時間，不遺餘力地推進歐洲研究區的建設，歐盟每一個重大戰略或議程提出之時，如推出「里斯本戰略」和「歐洲2020戰略」之時，都會有歐洲研究區的重要發展報告出抬，將歐洲研究區建設適時推進。

中國的中央政府比歐盟機構在治理上擁有大得多的優勢，如果能夠合理進行制度安排和協調，科學制定法律、政策、戰略及指導方針，將能更好地推動國家創新系統的建設。強調制度安排的重要性絕不是回到計劃經濟時代，只是為更好地統籌各級區域創新系統，更好地協調各創新主體之間的關係，使各地區在共同戰略的指導下，制定適合本地區的創新發展戰略，避免不必要的重複研究。並不是完全取消研究的分散化，因為適度分散會有助於形成良性競爭從而提高研究和創新的質量，中央政府是要通過制度調控在競爭與合作中找到平衡。

二、分層次建設國家創新系統，加強各子系統的合作

歐洲研究區是一個跨越不同發展水準國家和地區的複雜體，涉及多層次的協調，既包括在歐盟、成員國和成員國地區之間的縱向協調，也包括在政府、企業、高等院校、研究機構和科技服務機構等利益相關者之間的橫向協調。

對於這種多層次的協調和治理，歐盟相應地將歐洲研究區的建設分為三個層次，分別是歐盟層次、成員國和地區層次、相關利益機構層次。歐盟層次負責制定總體發展戰略，確定優先發展領域，對成員國層次的建設進行指導和監督。成員國在歐盟總戰略的指導下根據各地區特點制定各自的發展戰略，在各成員國展開相關建設。利益相關機構是具體進行研究和創新的機構，是最基層的主體，具體執行歐盟和成員國的各項政策措施，廣泛開展跨地區、跨部門的研究創新合作。

作為超國家層次的機構，歐盟負責歐洲研究區的頂層設計工作，制定發展

框架並逐步推進。歐盟三大機構，即歐盟委員會、歐盟理事會、歐洲議會中都有負責歐洲研究區相關事務的機構，還針對歐洲研究區建設的各個重要領域設置了相應的諮詢機構，形成了一個機構體系。歐盟委員會主要負責制定歐洲研究區的發展框架，提出優先發展事項和行動建議，組織並推動各相關主體之間的交流，對歐洲研究區的建設進展進行評價。歐盟理事會召集各成員國有關部長定期召開會議，評估歐洲研究區的進展情況，探討需要採取的新的政策措施。歐洲議會定期舉行由各國議會代表和利益相關方參加的會議，瞭解歐洲研究區的重要進展和關鍵信息，加強歐洲研究區建設在政治議程中的關注度。與歐洲研究區有關的報告和政策建議一般由歐盟委員會提出，再由歐盟理事會和歐洲議會修正、通過或駁回。

歐盟還有很多的專門機構，具體從歐洲研究區建設的各個方面開展工作。如「歐洲研究區與創新委員會」（European Research Area and Innovation Committee），簡稱 ERAC，是一個政策諮詢機構，為歐盟委員會、歐盟理事會以及成員國提供與歐洲研究區有關的諮詢建議，同時也監督歐洲研究區的建設情況。歐洲研究與創新區委員會（European Research and Innovation Area Board, ERIAB）成立於 2012 年 2 月，其主要任務有：就歐洲研究區相關事務向歐盟委員會提供意見，對優先發展領域和行動進行建議，對歐洲研究區和創新聯盟的發展和實現情況發表看法，對歐洲研究區和創新聯盟的發展情況提供年度報告，把握歐洲研究區和創新聯盟的發展新趨勢。其成員由歐盟委員會提名和任命。

國家創新系統是各區域層次創新系統的有效整合，國家創新系統與區域創新系統的層級不同，建設側重點應有所不同。國家創新系統負責制定總體創新發展戰略，負責各區域創新系統的協調和監督，避免各區域的重複建設，推動中國的創新主體在國家範圍內開展合作，打破區域界限。各區域要建設自己的創新系統，中國可以根據長三角、珠三角、京津冀、山東半島、中原經濟區、成渝經濟區六大城市群的劃分分別建設這六大區域的創新系統。就像歐洲研究區建設中要求各地區遵守「專業化靈活」戰略一樣，各區域創新系統的建設要突出自己的地域特色，要接受國家創新系統發展戰略的指導，避免雷同。同時，也要突破地域限制，由國家牽頭或區域創新主體自發建設各創新主體間的創新合作網絡，最終建成完善的國家創新系統。

三、決策前要廣泛徵詢建議

如前文所述，參與歐洲研究區決策的機構非常多，涉及歐盟、成員國及地

區、與研究和創新有關的利益相關機構三大類，這些機構既有公共機構，也有營私機構，還有非營利社會組織，涵蓋所有創新系統內的機構，決策只有考慮到所有主體的利益，才能使決策容易被接受和執行。在歐洲研究區建設過程中，歐盟在每一項重要的政策建議出抬或重要的報告發布之前都會進行廣泛的意見徵詢。意見徵集對象包括歐盟相關部門、成員國及其地區的管理當局、私營組織（協會、研究機構、企業）、公共研究機構、大學和高等教育中心、國際組織等，涉及歐洲研究區所有的相關主體。2012年1月，為了找到阻礙歐洲研究區全面實現的瓶頸，歐盟委員會向公眾開展了廣泛的調查和意見徵集，從利益相關者中間收集了大量的意見和數據，分析妨礙研究者、研究機構和商業跨界流通、競爭與合作的因素。在此基礎上完成的報告深度分析了研究者和研究機構的反饋意見。結果顯示，歐洲的研究者關注職業和流動性、研究基礎設施和知識轉化問題，大家可以達成共識的是歐洲研究區的建設是非常重要的，尤其是跨界合作、開放資源、國際化、性別問題和治理問題得到了大家的廣泛關注。根據收集意見的情況，歐盟及時發布報告《歐洲研究區發展中有待進一步發展的領域》，在此基礎上，進一步建立歐洲研究區發展框架。在歐洲研究區的年度發展報告出抬之前，歐盟也會組織長時間的廣泛調查，涉及所有成員國的所有創新相關主體，還通過調查受訪者對調查問卷設置的意見不斷調整調查問卷以提高未來的調查質量，調查範圍廣泛深入基層一線研究人員，使問卷真正反應歐洲研究區的建設現狀，能為未來政策的制定提供真實有效的依據。

中國在構建國家創新體系過程中也應該廣泛地開展意見徵詢，收集所有相關主體有代表性的意見。尤其是在制定針對某一領域或某一群體的政策時，比如制定關於促進研究者流動的政策時就應該徵求高校、企業、研究機構中第一線研究者的意見，分析在職位招聘、工資待遇、社會保障、研究條件、研究職業吸引力方面存在哪些阻礙研究者流動的障礙，只有這樣收集上來的意見才真實、可靠，在此基礎上做出的決策才具有針對性和可執行性。

四、重視企業的作用

在創新系統中，企業承擔著將研究成果在市場上轉化的重任，企業創新能力的強弱直接決定著創新能否最終實現。早在熊彼特的創新理論中，就已經認為企業家在創新中起著關鍵的作用。歐盟的高等教育機構和研究機構的研究者往往欠缺將科研成果進行市場轉化的能力，為解決這個問題，在歐盟的倡議下搭建了一系列由企業牽頭的技術開發平臺，如歐洲技術平臺（ETP）、歐洲聯

合技術行動等。由企業牽頭，充分發揮企業在把握市場需求方面的優勢，採取自下而上的方式進行研究計劃的制定和研究團隊的組建，這樣的研究計劃必將更符合產業的發展要求，研究成果也具有較強的市場轉化能力。中國也存在著產業界和研究界聯繫鬆散的問題，高校和研究機構的研究成果往往不能有效地進行轉化。中國國家發展和改革委員會副主任張曉強在2013年年底時談到中國的科技成果轉化率僅為10%左右，遠低於發達國家40%的水準。國家統計局、科學技術部和財政部於2014年10月23日發布的統計數據顯示，2013年，全國共投入研發（R&D）經費11,846.6億元，比上年增加1,548.2億元，增長15%；研發經費投入強度（與國內生產總值，即2013年GDP初步核算數據之比）為2.08%，中國的科研經費投入已經達到世界前列，但科研成果沒有得到轉化，就表示並沒有實現創新，低的成果轉化率只能造成科研資源的浪費。要解決這一現象只有讓企業真正成為技術創新的主體，要使企業成為研究項目的發起者和組織者，要建立需求驅動的創新模式，真正提高創新能力。

政府機構在制度安排上可以起到推動和促進的作用，要提高企業申請研究課題的積極性，如在科研資金資助上傾向由企業組織的研究項目，或要求公共資金資助的研究項目的研究團隊中至少有一家企業加入。

五、開發多種形式、互相補充的治理工具

歐洲研究區建設過程中，歐盟為協調各創新主體之間的關係，有針對性地設計了一系列治理工具，如前文介紹，歐洲研究區治理工具的目標側重點不同，運行機制不同，有針對促進歐洲研究區內橫向關係的工具，有針對協調縱向關係的工具，還有促進人力資源流動的工具以及監督工具。這些治理工具在設計時，針對性明確、制度規則清晰、嚴格滿足協調關係的目標。如「歐洲創新與技術研究院中」的「知識與創新共同體」明確要求必須由不同成員國的高校、私企、研究機構共同參與。旨在密切關注產業界和研究界關心的「聯合技術行動」，要求必須由企業牽頭，這既有利於增強科研成果向市場轉化的效率，真正實現創新，又有利於私人資金向研究與創新增加投入。歐盟設計了很多種項目平臺，促進各利益相關者共同從事研究創新，在2012年關於歐洲研究區發展框架所做的調查中，絕大部分的受訪者都認為為促進跨國合作開發的各種聯合項目是近年來最能調動廣大利益相關者參與積極性的舉措。聯合研究項目使項目參與國在合作中產生高度認同感並逐步建立長期的政治承諾，這是非常有價值的成就。中國也可以借鑑歐盟的經驗，根據自身的情況開發一些有效協調創新系統內各主體關係的治理工具。

如中國也可以成立類似「歐洲創新與技術研究院」的人才培養機構,將教學、科研和成果轉化集於一體,使企業家參與人才培養中,使優秀的學生在攻讀學位的過程中就參與科研和創業,培養同時具備創新和創業能力的創新人才,加強研究與市場之間的聯繫。

　　政府也可以資助建立一些聯合創新平臺,規定必須由來自不同地區的企業、高校和研究機構共同參與,制訂聯合科研發展計劃,針對中國面臨的重大社會挑戰如環境污染、人口老齡化等重點領域。

　　歐盟的科研人員網絡(EURAXESS)為研究人員供需雙方提供網絡平臺,還為有意向到歐盟國家工作的研究人員提供所需要瞭解的各類信息,如移民政策、社會福利、待遇等,使全世界範圍的科研人才更瞭解歐盟的科研工作條件,並通過分佈於世界各區域的服務中心為科研人員的跨國遷移提供服務。中國目前缺乏這樣的網絡信息平臺,可以建立一個專門針對科研人員的網絡平臺,各級政府要求科研機構和高等院校及企業將研究相關崗位的招聘信息在平臺上發布,網絡平臺同時提供各省研究人員工作環境及待遇的相關信息。研究人員可以在網站免費發布個人簡歷,鼓勵研究人員跨區域、跨行業從事研究方面的兼職工作。

六、在各區域創新系統中實施靈活的專業化戰略

　　歐盟各國的經濟發展水準、創新能力、資源稟賦、文化背景有很大差異,歐盟在推動歐洲研究區建立的過程中追求的是治理模式的統一,而不是創新模式的統一,其治理是在尊重歐盟各國和地區創新系統多樣性的基礎上,促進各國和各地區制定適合自己的靈活專業化戰略,放棄弱勢創新,發展優勢創新,這樣既能保證歐洲研究區內一定的競爭性,又能保證一定的創新優勢互補性。歐洲研究區的治理不是抹殺創新多樣性的一種制度趨同,而是在保持創新多樣性基礎上的資源整合。中國各地區的人力資源狀況、資源稟賦、產業基礎、經濟發展水準等也有很大差異,很多地區的高新技術產業園區的產業結構趨同,低水準重複建設現象嚴重,造成資源的嚴重浪費。中國可以由政府牽頭搭建針對高新技術產業發展的地區交流平臺,平臺匯集專家、政府主管部門、高新技術產業園區管委會、企業代表、研究機構和高等院校,交流各自在發展中的經驗及面臨的困難,實現信息的充分交流,各地區要放棄跟風建設,要根據自己的資源條件發展有地方特色的區域創新系統。政府也可以加強監督,要求各地區政府制定符合各地發展特色的創新發展戰略,在國家層面上組成評議機構,對於屬於重複建設的戰略要求重新訂立。鼓勵不同地區就同一創新領域開展合

作，整合創新資源。

第二節　歐洲研究區對中國開展國際科技創新合作的啟示

經濟全球化和區域經濟一體化是世界經濟發展的兩大趨勢，在這個大背景下，國家之間的科技創新合作也越來越多。國際科技創新合作既有國家政府行為也有民間自發行為，主要包括國家或地區政府間的科技創新合作、企業間的跨國合作、研究機構或大學間的國際合作，還包括科研人員個人之間的跨國合作。國際科技創新合作能夠提高創新效率，但國際創新合作往往也受到地域、文化、經濟發展水準、政治體制等的影響，各國也都在探索有效的國際科技創新合作方式。中國要想在國際事務中發揮更重要的作用，就必須在推動國際科技和創新合作方面發揮更積極的作用。歐盟地區的科技創新合作較之世界其他區域合作歷史更悠久，並在歐洲一體化進程不斷推進的過程中逐步加強，科技創新合作機制、合作平臺、相關制度建設也在逐步完善。歐洲研究區為實現知識在歐盟範圍的自由流通，推動歐盟國家開展科技創新合作，在歐盟國家的各創新主體間搭建合作網絡。歐洲研究區在十餘年的建設過程中累積了很多經驗，值得中國借鑑。

近年來，亞洲地區國家的科技創新能力提升很快，2017年6月15日，世界知識產權組織（WIPO）、美國康奈爾大學和英士國際商學院共同發布《2017年全球創新指數》（GII）報告，在創新指數排名榜中新加坡位列第7，韓國位列第11，日本位列14，中國香港位列第16，中國內地位列22。這些亞洲國家和地區的創新差距不大，具備開展研究和創新合作的基礎，但是亞洲國家的科技合作進展緩慢，沒有有效的科技合作機制，在亞洲國家間尚未形成科技創新的合力。中國應該在加強亞洲國家間的科技創新合作上發揮積極作用，探索有效的合作機制。

一、國際科技創新合作的內涵

國際科技創新合作主要是指兩個以上的國家或地區，通過協商制定共同遵守的規則，消除區域內各成員國之間合作的阻礙，通過合作研發、技術貿

易①、人才交流等形式實現科技資源共享，整合優勢資源，共同研發和創新，最終提升整體的創新能力，解決共同面臨的社會挑戰。

二、國際科技創新合作的類別

目前世界範圍開展的國際科技創新合作形式多樣，按照合作主體的不同主要可以分為以下類別：

1. 國家或地區政府間的科技創新合作

主要是指在兩個以上國家或地區之間開展的政府主導的科技創新合作，一般在政府間簽訂科技創新合作協議，由政府組織資源開展科技創新合作。政府間的合作尤其是國家政府間的科技創新合作一般側重於基礎研究或是社會亟待解決的重大技術項目。

2. 企業間的跨國科技創新合作

企業作為主體的跨國科技創新合作往往側重於應用研究，將目標定位於研製新產品以開闢新市場或占據市場主導地位。開展合作的企業往往生產領域相同，有著共同的開發技術。企業也可以與在行業技術方面與保持領先的國外科研機構或大學開展科技創新合作。

3. 研究機構或大學間的國際科技創新合作

各類研究機構或大學之間的跨國科技創新合作往往側重於基礎研究和技術開發，一般是就共同關注的領域展開研發合作，由不同組織的科研人員共同組成項目組，共享資源，共同開展科技創新。

4. 個人之間的國際科技創新合作

主要是指科研人員與同一研究領域的人員之間相互交流，共享科研信息，合作開展科研。一般表現為共同申請和開展科研項目，最終合作撰寫科研論文或研究報告等行為，是一種個人間的行為。

三、科技創新合作的意義

創新是人類社會發展的動力，人類面臨很多共同的問題需要靠科技創新來解決，如氣候變化、能源、疾病、交通等，這些重大問題靠一國之力往往很難解決。開展創新合作可以共享科研基礎設施、科技信息、科技創新人才等，有效的創新合作可以大大提高創新的效率。隨著信息化的進一步發展，國際創新

---

① 技術貿易：主要包括技術引進、技術出口、委託設計、委託研究、合作生產、技術勞務引進或輸出等。

合作也更加便捷。尤其在發展水準相近、地理位置相近的國家之間，國際創新合作已經越來越廣泛。

四、歐盟對中國開展國際創新合作的啟示

（一）發展夥伴關係，建立國家間有效的合作機制

歐盟在建設歐洲研究區的過程中積極發展夥伴關係，協調歐盟、成員國及各研究創新相關機構之間的關係，在廣泛徵詢各方意見的基礎上做出合理決策，構建共同的發展遠景並制定各種發展路線圖和具體發展方案，協調成員國及地區之間的利益。在歐盟各國加強科技合作的發展進程中，歐盟依照《里斯本條約》第185條賦予的權力參與由若干成員國承擔的研究和開發計劃並制定條款，在推動歐盟各國創新合作中起到關鍵作用。雖然亞洲地區不具備歐盟這樣的超國家機構，但應發揮各種區域性合作組織的積極作用，中國可以利用各種區域組織及國際論壇組織積極在各國之間發展科技和創新合作夥伴關係。可以首先在容易達成共識的亞洲各國共同面臨的挑戰方面展開科技合作，如能源問題、氣候變化問題、醫療健康問題等，加強政治承諾，在徵詢各方意見和廣泛協商的基礎上制訂戰略合作方案，整合各國科技力量，建立合作機制，應對共同的挑戰。

（二）開發有效的合作平臺

歐洲在一體化進程的推進中，不斷探索歐盟各國科技和創新合作的有效機制，在多年框架計劃的基礎上進一步推進歐洲研究區建設，試圖打造研究創新領域的統一市場。為達到此目標，從歐洲研究區提出以來，歐盟開發了很多有效的治理工具促進歐盟各國的科研和創新合作，推動歐盟創新系統的形成和發展。如通過「歐洲研究區網絡」計劃打造歐盟各國研究的網絡化，通過聯合項目計劃等行動推動成員國之間的合作。中國也可以嘗試在國際科技合作中打造一些合作平臺，設置一些各國共同感興趣的研究議題，聯合各國研究人員、共同投資，共建或共享科研基礎設施，共同開展研究和創新。在聯合研究項目的開展過程中使項目參與國在合作中產生高度認同感並逐步建立長期的政治承諾，將會進一步促進各國合作。

（三）設置有效的監督機制

對於較鬆散的跨國泛區域創新網絡，監督機制尤為重要。歐盟在建設歐洲研究區的過程中逐漸建立起了有效的監督機制，定期評估歐盟各國的創新情況，及時發現問題並調整發展戰略和方案，有效的監督機制是歐洲研究區建設能夠順利開展的重要保障。在「歐洲創新記分牌」的基礎上，歐盟委員會定期

發布《歐洲研究區發展報告》，對歐洲研究區建設情況進行階段性評價，各行為主體通過歐洲研究區的發展報告可以瞭解到歐洲研究區建設在歐盟層面和成員國層面的最新進展，瞭解自身的差距，有目標地制定下一階段的發展戰略。中國在發展多邊科技合作時，也應該注重監督機制的完善，可以通過國際上的專家進行同行評議，定期對科技合作情況進行評估，各方代表應定期溝通和討論，對於發現的偏差應及時糾正。

歐洲研究區通過共同利益將各成員國和地區凝聚起來，通過開放式協調機制和發展夥伴關係加強歐洲研究區的橫向和縱向協調，有效開發並利用治理工具，加強歐洲研究區內各創新相關主體之間的合作，既是對泛區域創新系統理論的應用又通過實踐進一步推進了理論的發展。歐盟在建設歐洲研究區過程中累積的經驗可供中國借鑑，要在中國各區域創新系統的協調發展下，構建國家創新系統，探索中國的國際科技和創新合作模式，使中國在推動區域組織中的國際科技合作機制的建立方面發揮更重要的作用。

第三節　歐洲研究區對京津冀地區建設協同創新共同體的啟示

京津冀地區協同發展已經上升到國家戰略層面，協同發展必然是一個逐步推進的過程，在不同發展階段應該有不同的側重點。科技創新是經濟和社會發展的動力，京津冀地區協同發展可以首先推進科技創新的一體化，打造跨區域創新系統，以其為動力進一步推動京津冀地區經濟的協同發展。京津冀地區跨行政區，很難自發形成協同創新共同體，需要各級政府制度上的推動，這就涉及制度上的跨行政區協調，需要在治理機制上進行探索。目前，包括美國、日本、歐洲國家在內的很多國家都在積極構建區域性的協同創新體，中國在建設京津冀協同創新共同體時應該廣泛借鑑其他國家和地區的有益經驗以提高我們的建設效率。京津冀地區協同創新的最大困難之一在於創新能力發展差距較大，據《中國區域創新能力評價報告2015》顯示，從科技創新能力來說，北京、天津已經基本進入創新驅動階段，而河北還基本處於投資驅動階段。據《中國區域科技創新評價報告2016—2017》顯示，從綜合科技創新水準指數來看，北京和天津綜合指數得分高於全國平均水準，處於第一梯隊，而河北綜合科技創新水準指數在50分以下，與京、津有較大差距。可見，河北省創新能力低成為京津冀協同發展的短板。

經過比較與分析，與京津冀地區面臨困難比較相似的當屬歐盟地區，據每年發布的《全球創新指數》顯示，北歐國家瑞典、丹麥、芬蘭、德國創新能力與羅馬尼亞、克羅地亞和希臘等國差距很大。歐盟於 2000 年提出了建設歐洲研究區，旨在歐盟地區打造協同研究創新共同體，希望在研究區內實現研究人員、科學和技術知識的自由流通。歐洲研究區的建設是推進歐盟各國協同創新的一項創舉，歐盟各地區創新能力差距較大，各成員國的制度各不相同，推動各成員國跨國開展協同創新面臨著很多困難，在其十餘年的建設過程中，取得了初步進展，協同創新體的框架逐步搭建，在推動創新項目合作、人才流動、基礎設施共享、創新制度協調方面開展了很多行動，其在推動區域協同創新方面有很多經驗值得中國借鑑。但歐洲研究區的研究在中國尚缺乏，本書分析了歐洲研究區建設機制和措施，在總結其可借鑑經驗的基礎上針對京津冀地區自身特點研究構建京津冀協同創新體的具體措施。

一、協同創新理論的發展

協同理論（Synergetics）亦稱「協同學」或「協和學」，是 20 世紀 70 年代以來，在多學科研究基礎上逐漸形成和發展起來的一門新興學科，是系統科學的重要分支理論。其創立者是聯邦德國斯圖加特大學教授、著名物理學家哈肯（Hermann Haken）。1971 年，他提出協同的概念，1976 年系統地論述了協同理論。協同論所揭示的結構形成的一般原理和規律，不僅有利於我們研究自然現象，而且為我們研究生命起源、生物進化、人體功能乃至社會經濟文化的變革等一些複雜性事物的演化發展規律提供了新的原則和方法。協同論告訴我們，系統能否發揮協同效應是由系統內部各子系統的協同作用決定的，協同得好，系統的整體性功能就好。如果一個管理系統內部，人、組織、環境等各子系統內部以及他們之間相互協調配合，共同圍繞目標齊心協力地運作，那麼就能產生「1+1>2」的協同效應。反之，如果一個管理系統內部相互設置障礙、衝突或摩擦，就會造成整個管理系統內耗增加，系統內各子系統難以發揮其應有的功能，致使整個系統陷於一種混亂無序的狀態。

協同創新思想最早源於企業內部的一種知識分享，各創新主體出於共同的目標，進行交流與合作，使創新資源突破分散創新主體間的壁壘，實現資源共享和優勢互補，充分實現人才、信息、知識、技術等創新資源的活性，最終形成創新能力整體大於部分之和的效果。協同創新思想逐漸延伸到企業外部的協同創新乃至跨地區、跨國的協同創新。而協同創新理論的研究重點也從傳統的創新主體如企業、政府、研究機構、高校，擴展到了市場、戰略、文化等。

二、協同創新理論的研究現狀

協同創新理論以研究的對象來劃分可以分為主體協同創新理論和要素協同創新理論。國內外的學者關於協同創新展開了大量研究。但將協同創新理論與區域創新結合在一起的研究還不是很多。國外學者 Kahn 等（1996）的研究成果主要體現在如何通過創新主體的互動和創新資源的整合來提升區域創新的績效[1]。也有學者以歐洲區域創新為例研究區域創新系統中的協同研發問題。還有學者以韓國為背景，研究支持知識經濟區域發展的大區域創新戰略，在促進集體學習和創新網絡的策略中專門提到協同研究中必須要提供相應的激勵。中國國內的學者在研究區域協同創新方面也有一些成果，鄭剛（2006）提出就協同創新研究的對象來說，協同創新已不再局限於企業、科研機構、高校和政府等傳統主體，而是擴展到了戰略、市場、組織、文化、創新、知識等要素或子系統上[2]。李曉剛等（2007）認為東北區域經濟發展迫切需要建立協同發展的協作機制，充分發揮三省的互補優勢，實現互動共贏。創新是東北區域經濟發展的動力源，應基於協同互動建立東北區域創新的自組織機制[3]。陳丹宇（2009）研究了長三角地區區域創新系統的協同效應，認為協同剩餘是區域創新系統的協同動因[4]。許慶瑞（2010）認為創新要素間的協同，是一個相對於創新主體間的協同更加寬泛的概念，它可以理解為在創新過程中，所有參與要素間的協同[5]。協同原理認為：在外界控制參量的作用下，一個開放系統內部的各子系統之間存在既競爭又合作的關係。通過系統內複雜的多種創新要素從外界獲得信息，在其自身條件和發展階段上形成一定的差異性，形成競爭，從而推動創新系統的有序演化，進一步在競爭的基礎上，使各創新要素間通過合作的相互作用形成協同。陳勁等（2012）指出協同創新的內涵本質，並認為協同創新對於區域創新的影響體現在：協同創新可以更好地實現區域內或區域間創新資源的共享，協同在創新資源的整合上更強調區域創新行為主體間的協同作用，通過「互動」和「合作」取得單個創新主體無法取得的協同效應[6]，

---

[1] Kahn K B. Interdepartmental integration: a definition with implications for product development performance [J]. Journal of Product Innovation Management, 1996, 13 (2): 140-155.

[2] 鄭剛. 全面協同創新——邁向創新型企業之路 [M]. 北京：科學出版社, 2006.

[3] 李曉剛, 張少杰, 李北偉. 協同互動建立東北區域創新的自組織機制 [J]. 經濟縱橫, 2007 (5).

[4] 陳丹宇. 長三角區域創新系統中的協同效應研究 [D]. 杭州：浙江大學, 2010.

[5] 許慶瑞. 研究、發展與技術創新管理 [M]. 北京：高等教育出版社, 2010.

[6] 陳勁, 陽銀娟. 協同創新的驅動機理 [J]. 技術經濟, 2012, 31 (8): 6-11.

這些都有助於區域創新績效的提升。隨著京津冀協同發展成為重大國家戰略，近兩年關於京津冀地區科技創新協同發展的研究開始增多。如許愛萍（2014）的論文《京津冀科技創新協同發展戰略研究》，分析了京津冀三地由於科技創新資源分佈不均衡、創新成果區域間轉化存在障礙、創新人才流動受制於體制約束等問題，京津冀三地科技創新協同發展需要在認清三地科技創新優勢與困境的基礎上，打造京津冀一體化的科技創新體系①。袁剛、張小康（2014）的《政府制度創新對區域協同發展的作用：以京津冀為例》認為，在區域協同發展過程中，由於市場資源優化配置的不足需要政府發揮對經濟活動的引導和規範作用。政府作為制度創新的主體能夠利用自有優勢，彌補市場失靈的缺陷，通過制度創新使地方政府間形成良好的協調合作機制，促進區域經濟社會的可持續發展②。曹海軍（2015）的《新區域主義視野下京津冀協同治理及其制度創新》認為，京津冀城市群協同治理上升為國家戰略後亟須進行頂層設計和制度創新。提出了在中央層面成立高級別的區域發展協調機構、地方政府間的行政協議等制度創新③。魯繼通（2015）進行了京津冀區域協同創新能力的測度與評價。運用複合系統協同度模型，從知識創造和獲取能力、技術創新和應用能力、創新協同配置能力、創新環境支撐能力、創新經濟溢出能力5個要素測度2008—2013年京津冀區域各子系統的協同創新有序度及整體協同度④。顏廷標（2016）提出京津冀協同創新的中觀層面的障礙較大，在分析京津冀協同創新落差及可行性的基礎上，歸納了京津冀協同創新的障礙，提出要針對重點協同創新領域。這些研究雖然針對京津冀地區在創新協作方面存在的問題從制度角度進行了一定分析，但這些研究成果多是論述跨區協同創新的重要性，所提建議都是方向性的，缺乏具體措施建議。

三、協同創新共同體的含義

1971年，德國學者Haken最早提出了協同的概念，指系統中各子系統的相互協調、合作或同步的聯合作用及集體行為的結果是產生了協同效應。協同

---

① 許愛萍.京津冀科技創新協同發展戰略研究［J］.技術經濟與管理研究，2014（10）：119-123.

② 袁剛，張小康.政府制度創新對區域協同發展的作用：以京津冀為例［J］.生態經濟，2014，30（12）：27-30.

③ 曹海軍.新區域主義視野下京津冀協同治理及其制度創新［J］.天津社會科學，2015（2）：68-74.

④ 魯繼通.京津冀區域協同創新能力測度與評價——基於複合系統協同度模型［J］.科技管理研究，2015，35（24）：165-170.

創新共同體是各創新主體在共同利益的基礎上構成一個整體的群體，群體內存在著有規律的互動和聯繫。共同體中的各組成部分按照某種方式整合會產生出新的特性，並且各組成部分的相互聯繫和作用所產生的效果會大於部分之和。

協同創新共同體的建設需要實現幾個方面的協同：一是創新資源的協同和共享。創新資源包括知識資源、技術資源、科研設備設施資源。創新資源是實現創新的基礎條件，在缺乏有效協同創新機制的情況下，每個地區只能利用本地區的有限資源，不僅影響創新效率，還有可能會造成各地區之間創新資源的爭奪和重複研究，形成資源浪費。二是創新主體間的創新項目合作。本書的創新主體指參與和服務技術創新的各類型組織，包括創新型企業、科研機構、高校和創新服務機構。協同創新中最重要的一個層面就是各創新主體在創新項目上開展合作，在重大社會問題和社會挑戰方面取得突破。三是創新人才的跨區域自由流動。創新人才是創新的關鍵要素，創新人才的流動能夠帶來知識的流動、信息的共享，創新人才的自由流動，還能推動創新能力差距的縮小，推進創新協作。四是創新制度的協同。制度對行為有指導和約束作用，跨區域協同創新共同體的建設需要各區域相關制度的協調一致，如跨區域創新項目的審批和資助制度、人才流動制度、知識產權制度、科研基礎設施共享制度等，這是協同創新共同體建設的前提和保障。制度和政策的不協調會阻礙知識共享、知識流動和人才流動等，從而影響協同創新。

協同創新共同體將和創新有關的各主體和要素看成是一個整體，共同體中最重要的要素是知識，知識在創新系統中生產、流動和運用，最終實現創新。共同體中的主體是與知識的生產、傳播、使用有關的機構，主要有企業、政府、研究機構、高等院校、各種創新服務組織（包括風險投資機構、科技仲介、企業孵化器等），知識在各主體間流動。企業是核心主體，因為企業不僅創造和管理知識，還肩負著知識和技術市場化的重任，是推動創新實現的關鍵。政府通過法律和政策的制定起著引導和調控的作用，通過監管糾正系統失效問題，參與建設科學技術研發的基礎設施，為研究與創新相關活動提供資金支持。研究機構擔負著科學和技術研究開發的職能，創造新知識並為企業提供技術支持。高等院校不僅創造和傳播知識，還承擔著培育創新人才的職能。創新服務組織為其他創新主體提供專業化服務，促進知識的傳播和技術的轉移。

四、京津冀地區建設協同創新共同體的四個層面

2015 年 3 月 23 日，中央財經領導小組第九次會議審議研究了《京津冀協同發展規劃綱要》。中共中央政治局 2015 年 4 月 30 日召開會議，審議通過

《京津冀協同發展規劃綱要》。綱要指出，推動京津冀協同發展是一個重大國家戰略。京津冀協同發展是全方位、多層次的一體化，協同創新是其中的一項重要內容，要提升京津冀的整體創新能力，使有限的創新資源得到最大化利用，就需要打造京津冀協同創新共同體。近年來，在中央的戰略部署和頂層設計下，京津冀三地在創新合作方面快步推進，各類創新平臺建設取得了初步成就，共建機制正在初步形成。共建科技園區、共建創新基地、共建轉化基金、共建技術市場、共建創新聯盟都得到了一定發展。但京津冀地區要想最終建成有效的協同創新共同體還要解決很多問題。要切實推進京津冀協同創新，就必須研究具體的制度對策。在現有的研究成果中，也沒有對歐盟經驗進行分析借鑑的。京津冀地區經濟水準和創新發展能力有一定差距，行政地位不同，對資源和人才的吸引力不同，靠自發形成創新協同共同體是不可能的，必須要進行制度改革，自上而下地推進協同創新。這些與歐盟地區有相似之處，因此研究歐盟地區協同創新方面經驗的研究成果是有價值的。

在京津冀地區，科研創新能力發展不平衡，不同行政區的相關科技創新政策也有所不同，科技資源不能有效整合，重複建設現象嚴重。如何打破京津冀地區創新主體的跨行政區合作障礙、如何實現知識在京津冀地區的自由流動、如何實現創新資源的跨地區流動與共享都是建設京津冀協同創新共同體亟待解決的問題。要建設高水準的協同創新共同體至少要完成以下四個層面的建設：

（一）開展京津冀協同創新共同體的制度建設，提供制度保障

京津冀地區的科技基礎、創新能力有較大差異，協同創新共同體不可能自發形成，需要政府自上而下地推動，首先要進行制度建設，通過制度推動協同創新共同體的形成，樹立一個鼓勵協同創新的制度環境，為協同創新示範區的建設提供制度保障。其次要消除制度的地區差異，在京津冀地區逐漸實現創新相關政策的協調統一。相關的制度建設主要包括創新合作項目的申報和審批制度、項目資助制度、監管制度、創新資源的共建和共享制度、創新人才的社會保障制度等。

（二）為不同地區、不同部門的創新主體搭建創新項目合作平臺

創新項目合作是協作創新的基本形式，創新項目合作平臺的建設有兩種方式，一種是由政府自上而下搭建，另一種是創新主體自下而上地自發組織。兩種方式應當相互補充，通過第一種方式帶動第二種方式。在項目合作中要加強交流促進優勢互補，共同提高，使京津冀地區各創新主體間的協作逐漸成為一種常態。

（三）實現創新人才的跨地區、跨部門共享和自由流動

人才是創新的關鍵資源，在京津冀地區應能實現充分流動甚至一定程度的

共享。目前，京津冀地區的人才主要呈從欠發達地區向發達地區的單向流動，必須要打破這種趨勢，實現人才的全方位交流，最大限度地實現創新人才的共享。

（四）進行網絡信息平臺的建設

在當今的信息化時代，網絡信息平臺在信息交流中的作用日益重要。創新項目的合作、人才的流動、創新資源的共享、知識要素的流通等都需要借助網絡信息平臺。搭建專門的京津冀地區協同創新共同體具有重要的現實意義。

五、借鑑歐洲研究區經驗構建京津冀協同創新共同體的對策

（一）完善京津冀協同創新共同體的領導機構體系

京津冀協同創新體的構建涉及北京、天津和河北省的眾多縣市，行政地位不同、發展基礎不同、創新能力不同、現有制度不同，如果僅靠各創新主體之間的自發合作，協同創新體的建成將是一個非常漫長的過程。同歐洲研究區的建設一樣，需要一個高於各地區政府層級的機構自上而下進行強有力的推動。相比於歐盟，中國是一個統一的主權國家，中央政府比歐盟在治理地方上擁有要大的權力，如果能針對京津冀協同創新體的構建設置一套完整的領導機構體系，協調京、津、冀各地區的創新發展戰略、制度、資源，對協同創新共同體的建設實行有效引導、推動和監督，相信能加速京津冀協同創新共同體的建設進程。

目前，國家已經成立了京津冀協同發展領導小組，由副總理擔任組長，也體現了國家加強京津冀協同發展頂層設計的決心。應當在京津冀協同發展領導小組下設置京津冀協同創新領導分組，在總體上負責京津冀協同創新體的構建，制定總體發展戰略和方針，推進統一政策和制度的制定，對協同創新共同體的建設進展進行監督和把控，防止偏離發展戰略。協同創新就是在創新資源有效整合的基礎上實現有效的創新合作，因此協同創新共同體應該實現創新項目的合作、創新基礎設施的共享共建、創新人才的自由交流和流動，在信息化時代還應該實現各種信息的及時共享和交流。根據這幾大內容，在京津冀協同創新領導組下還應該根據協同創新體建設的幾大內容設置相應的辦公室，如京津冀人力資源流動辦公室、京津冀創新基礎設施共享辦公室、京津冀協同創新信息網絡辦公室、京津冀創新合作項目辦公室，由這四大部門有側重地推動不同領域的協同。還應當設置諮詢機構，由各地區政府代表、來自不同創新機構的工作人員、政策研究專家等組成，對協同創新共同體構建中的各類措施提供諮詢和建議。綜上所述，京津冀要協同創新領導機構體系設置，北京、天津、

河北各地區還可以相應地設置地方的管理機構。

北京、天津和河北各市縣還可以在本區域內成立相應的機構，每個機構既有所分工、側重，又密切合作，政府其他部門全力支持，有步驟、有重點地推進京津冀協同創新共同體的建設。

(二) 完善相關制度建設

京津冀各地區的科技人力資源、自然資源、產業基礎、創新能力等如同歐盟各成員國一樣有很大差異，協同創新就是要使各地區在發揮各自所長的基礎上整合各地區的資源，形成優勢互補，產生「1+1>2」的效果。制度的協調就是要保證創新合作的順利開展。京津冀地區創新制度的協調並不是自上而下重新制定一套統一的制度體系，而是在現有制度基礎上進行調整和協調，有的制度要重新制定，有的要調整，有的要補充，有的要廢除，要逐漸在京津冀地區形成統一、協調的創新制度體系。

在歐洲研究區的建設過程中，為促進創新主體的跨地區、跨部門協作，歐盟規定，由政府資助的一些創新項目要求申請者必須兩個以上的不同地區、來自兩個以上的不同部門。對於一些創新主體自發組織的創新合作項目，在申請歐盟資助的時候，歐盟優先考慮資助跨地區、跨部門開展的合作項目。為了使制度更符合實際發展需要，可以借鑑歐洲研究區的經驗，在推動各地區創新主體跨區域合作的過程中發現制度方面的阻礙，有針對性地對制度體系進行調整和完善。對創新合作項目制定統一的資助和管理制度，鼓勵京津冀地區的創新主體開展跨區域、跨部門合作。對一些重大的創新項目進行公開的招投標，要求必須由來自兩個以上地區、不同部門的創新團隊參與投標。鼓勵由企業、研究機構和高校自發組成創新項目合作團隊，政府可以針對自發組織的京津冀區域內跨地區的合作創新項目及產學研跨部門合作項目制定相關的資助或融資政策。對創新合作項目要開展「同行評議」，根據項目的意義、可行性及成果決定項目是否得到資助。在促進人力資源流動方面，要在戶籍制度、醫保制度、社保制度等方面進行改革，保證人才在流動中不影響其利益。在研究創新基礎設施共建共享制度方面，可以借鑑歐洲研究區的經驗在京津冀創新基礎設施共享辦公室的協調下，制定路線圖，有計劃地進行基礎設施的共建和共享。還可以借鑑歐洲研究區中成員國發展「靈活專業化平臺」的做法，由京津冀協同創新共同體領導組牽頭搭建京津冀地區協同創新交流平臺，平臺匯集專家、政府主管部門、高新技術產業園區管委會、企業代表、研究機構、高等院校和創新服務機構的代表，使各區域、各部門交流在發展中的經驗及面臨的困難。

強調制度協調安排的重要性絕不是回到計劃經濟時代，只是為更好地協調

各創新主體之間的關係，為京津冀協同創新體的構建提供制度保障。

（三）搭建創新項目合作平臺

協同創新共同體中的創新項目合作平臺應是跨地區、跨部門的合作平臺，鼓勵高校、創新型企業、研究機構跨地區開展合作。歐洲研究區的建設過程中有很多相關舉措，在多個科技領域形成了具有一定規模和影響力的創新合作平臺。創新平臺工具主要是指成立對區域創新能力提升有重要意義的重大聯合項目合作平臺，來自不同區域、不同部門的創新主體可以申請加入平臺中，共同研發、共同學習並交流經驗。

創新合作平臺的成立方式有自上而下的方式和自下而上的方式。自上而下的方式是在政府的引導下建立的，即由京津冀協同創新共同體領導組在廣泛調查各創新主體意見的基礎上選擇一些對京津冀地區發展有重大意義的研究課題進行招標，如環境治理問題、能源問題等，要求來自不同區域的創新主體報名，由領導小組選拔課題組成員，組成跨區域跨部門的創新項目聯合組。在項目組內，來自不同區域、不同部門的創新主體就能實現創新資源的共享和創新力量的整合，也自然帶來了創新人才的交流。由自下而上的方式建立的創新合作平臺是由企業、高校或者研究機構跨區域牽頭，自發組成合作項目組，申請京津冀協同創新相關基金的資助。歐盟「聯合項目行動」創新平臺已經在十個領域開展了聯合行動，最大的平臺已經匯集了近二十個成員國的加入。創新合作平臺被證明是促進協同創新的有效工具。

1. 建設創新主體跨地區合作的平臺

2003年，在科技研究委員會（CREST）的會議上提出了「歐洲研究區網絡計劃」（ERA-NET），旨在協調成員國及地區的研究活動，促進國家研究項目的開放，它為成員國研究項目之間形成網絡化聯繫和成員國開展跨國合作提供支持，鼓勵具有共同目標的國家研究項目建立長期、緊密的聯繫。歐盟於2008年開展了「185條款行動」（Art. 185 Initiatives），將歐盟、成員國和地區的研究整合成一個共同的研究項目，如其中的「EMRP計量學行動」吸納了歐洲範圍內的計量學領域44%的科研資源。

在京津冀協同創新共同體的建設過程中，可以由京、津、冀三地政府組織來自不同部門的專家共同確定一批有重大社會影響的、有條件開展跨地區合作的研究創新項目，也可以互相開放現有的研究項目，開展互惠合作，三地政府共同資助跨區域開展的研究項目，規定必須由來自不同地區的企業、高校和研究機構共同申請加入，通過「同行評議」對研究團隊進行篩選，制訂聯合科研發展計劃，有效聯繫各地區的創新相關主體開展創新協作。

開發各種基金工具，既包括專項基金又包括風險基金。專項基金可以資助跨區域的創新合作項目、資助人才的跨區域交流活動、資助相關諮詢機構的建設及各類交流平臺和論壇的建設。針對創新項目合作的基金要設置合理的項目選拔和評價機制，注重項目對促進京津冀區域整體發展的作用，項目主體必須來自不同區域。創新往往伴隨著風險，風險基金可以資助一些價值大、風險高的創新項目，也應該強調創新項目對京津冀地區的整體價值，設置更科學的評價機制和監督機制。

京津冀地區應該通過創新合作平臺將創新資源整合在一起，由京津冀各地區的頂尖人才組成研究團隊，對重大的科技創新項目開展共同研究，集中攻克一批對社會發展有重要意義的課題。

2. 搭建創新主體跨部門合作的平臺

教育、科研和生產被譽為「知識三角」，科研產生新知識，教育傳播知識，生產運用知識。創新的實現在於「知識三角」的有效配合，為了有效整合「知識三角」，歐盟 2008 年成立了歐洲創新與技術研究院（European Institute of Innovation and Technology，EIT），整合歐盟各國高等院校、創新企業和科研機構的創新力量，開展公私合作，培養同時具備創新和創業能力的創新人才，旨在促進從創意到產品、從研究到市場、從學生到企業家的聯繫。歐洲創新與技術研究院中有多個「知識與創新共同體」（Knowledge and innovation communities，KICs），由大學、研究部門的優秀團隊和企業界的利益相關者共同組成，每一個「知識與創新共同體」要包括三個以上的夥伴機構，且必須屬於三個不同的成員國，其中必須包含至少一個高等教育機構、一個研究機構和一家私營企業。歐洲創新與技術研究院是推進創新主體之間跨國、跨部門合作的有益探索。

在京津冀地區也可以成立類似歐洲創新與技術研究院的人才培養機構，將教學、科研和成果轉化集於一體，使企業家參與人才培養中，使學生有更多的機會參與科研和創業，培養同時具備創新和創業能力的人才，加強研究與市場之間的聯繫，同時也可通過這種模式加強高校、研究機構與企業的交流與聯繫。創新型企業應當逐漸成為協同創新共同體中的主導力量，京津冀地區的政府應當鼓勵企業聯合各相關創新機構對重大戰略性技術發展的遠景達成共識，之後在技術發展遠景的指導下制定戰略研究計劃並調動人力和資金資源共同執行戰略研究計劃。

（四）推動人才在京津冀地區自由流動

優秀的研究者能對研究機構的工作成效和文化氛圍產生決定性影響，一個

高水準的專家能夠將一個團隊的創新能力提升到一個新高度。但是有些發展水準較低的機構尤其是較落後地區的研究機構由於缺乏研究資金、體制僵化以及研究資源有限等缺陷造成不能吸引優秀的研究者加入。在歐洲研究區建設的過程中，歐盟發起了一項「歐洲研究區席位」行動，為優秀的研究人員和研究管理者創造合適的條件和機會，到有潛力提升其研究能力的不發達地區的研究機構中參與一段時間的研究工作，由高水準的專家及其團隊幫助不發達地區的研究團隊進步，歐盟可以提供一定資助。

人才的流動受到距離、地區發展水準差異、收入差別、福利差別等多種因素的影響，發達地區對人才有天然的吸引力，目前京津冀地區的人才基本由不發達地區向發達地區單向流動，這樣只能造成區域間創新能力的差距越來越大。人才的長期引入受到戶籍制度、福利制度、家庭成員利益等多方面因素的影響，這些問題在短期內不好解決。可以在京津冀交通一體化大力發展的背景下，先大力發展人才的短期流動和共享。隨著京津冀區域城際間通勤時間的逐漸縮短，如果再對當天往返的科技人員提供進出站方便，使其在京津冀的大多數區域內都可以實現單日往返，相信能夠增進人才在京津冀區域內的交流和共享，在整個區域範圍內發揮創新人力資源的最大價值。政府為鼓勵人才在京津冀地區的自由流動，可以設置一些專項資助項目，對於跨越地區和部門開展合作的創新人才給予資助，資助欠發達地區的科技工作者到發達地區進行交流學習，對自願流動到欠發達地區的創新人才給予獎勵，改進社會保障制度，消除由於人才流動帶來的社會福利損失，推動創新人才的雙向流動。

（五）搭建協同創新共同體的網絡信息平臺

在信息化時代，搭建信息平臺，提供創新相關崗位信息、人才信息、創新項目信息、創新資源信息有利於促進協同創新的開展。在歐洲研究區的建設過程中搭建了多個信息平臺，在促進創新合作和人才流動方面取得了很好的效果。如「歐洲科研人員網絡」（EURAXESS）是歐盟委員會啟動的促進科研人員在歐洲範圍自由流動的一個網絡服務工具。它為歐洲科研人員提供信息和服務，有利於科研人員在歐洲範圍內實現自由流動，有助於實現歐洲研究區中研究人員的供需平衡。EURAXESS 不僅提供職位信息，還提供科研人員關注的其他相關政策信息及遷移服務，消除了科研人員的後顧之憂。

京津冀地區可以建設一個綜合信息平臺，設置多個板塊，如求職板塊：京津冀地區的創新主體可以在上面發布職位招聘信息，創新人才可以發布求職意向，有助於創新人才的自由流動。創新合作項目板塊：創新主體可以介紹自己的創新項目，發布合作意向，政府也可以就一些重大的科技發展專項發布招投

標信息。研究基礎設施板塊：在平臺上可以提供一些可共享的研究基礎設施的資料，對於一些投資規模大的重要設施還可以發布共建意向。交流版塊：各相關主體可以發布研究成果、合作經驗、政策建議等，也可以進行問題諮詢。通過網絡信息平臺增進創新相關主體間的瞭解和溝通，建立數字化協同創新共同體。

建設協同創新共同體對京津冀地區科技一體化的發展有重要意義，政府在網絡建設初期應該發揮引導作用，通過完善相關制度、搭建合作平臺、提供專項資助基金等方式推動協同創新共同體的形成。隨著創新主體間合作的增多，使創新主體間的自發合作成為主導，使政府逐漸轉變職能，成為協同創新共同體的監督者，保證京津冀協同創新共同體的順利運行，提高京津冀地區的協同創新能力。

推進創新主體跨區域的創新協同是一個複雜的系統工作，涉及不同層級制度的協調以及不同區域、不同部門創新主體的合作，不同地區創新資源的共享，絕不是一蹴而就的。歐洲研究區已經建設了十餘年，雖然在歐盟層面已經搭建了基本建設框架，但在成員國地區層面的建設還是遇到了很多阻力。京津冀地區作為中國的一個區域，在協調制度方面比歐洲研究區面臨的阻力要小，因此，在借鑑歐洲研究區有益經驗的基礎上，完全可能比歐洲研究區建設得更高效。京津冀不同地區、不同層級的各創新主體一定要明確自己的定位和發展戰略，要有重點、有步驟地逐步積極參與京津冀協同創新共同體的建設。

結論

歐洲研究區至今已經建設了十幾個年頭。歐洲研究區在促進歐盟各成員國之間的研究與創新合作、建立創新相關機構之間的互動機制、促進知識要素的自由流通方面取得了很多成果，但歐洲研究區尚未最終實現其發展目標，距離歐洲研究區的全面實現還有一定距離。歐盟認為歐洲研究區的實現要滿足四個條件：成員國都對所有歐洲研究區的動議開展相關改革，相關研究利益機構對動議快速執行，從歐盟到成員國對歐洲研究區政策更加支持，實行透明的監管。目前除了歐盟外，其餘主體尚未能滿足上述條件。歐洲研究區的建設主體有歐盟、成員國和利益相關者機構三類，這三類主體在歐洲研究區建設中的職責不同，相信未來歐洲研究區的建設必將由三大主體圍繞歐洲研究區實現的四大標準繼續推進。目前面臨的問題不可能單靠歐盟就能解決，主要需要成員國的改變，歐洲研究區是一個變革的催化劑，可以引發成員國的靈活專業化變革，引起更多地區思考本地區的特色及發展長項，並集中力量去發展。歐洲研究區的完成需要所有行為主體的共同支持和努力。

一、歐洲研究區未來發展前景展望

（一）歐盟進一步支持歐洲研究區的建設

歐盟制定的多年度框架計劃對歐洲研究區的發展起到了很重要的推動作用，框架計劃奠定了歐洲研究區的發展基石，歐盟不斷加大對科技創新的投入力度，通過一系列行動支持成員國之間和與研究相關的利益機構之間開展合作，成立了多個諮詢機構和論壇組織平臺，開發了多種治理工具，致力於不斷推進歐洲研究區的建設。歐盟還與成員國密切合作，再加上相關利益者的努力建立了歐洲研究區監督機制，這個機制已經成為歐洲研究區政策制定的基礎，能夠使公眾瞭解歐洲研究區的建設進展。歐盟稱歐洲研究區在歐盟層面的建設已經基本完成，說明歐盟在歐洲研究區上的治理模式、治理目標、發展框架上已經確定，但只要歐洲研究區尚未完全建成，歐盟的工作就不會完成，今後歐

盟還將會繼續通過各種努力推動歐洲研究區的建設。

1. 進一步加大資金支持

歐盟不僅通過「地平線2020」計劃進一步加強對歐洲研究區相關建設工作的資助，資助歐洲研究區的各項治理工具，還通過結構基金對欠發達地區加大創新支持力度，支持其靈活的專業化創新戰略，支持各種創新合作，促使其縮小與發達地區的「創新鴻溝」。歐盟還根據歐洲研究區的建設需要進一步開發新的金融工具並增加新的資助項目，如2016年歐盟實施的「歐洲研究機構退休儲蓄工具」，由歐盟出資幫助覆蓋該系統最初的成本花費。

2. 繼續完善相關政策的制定

在歐洲研究區建設中，歐盟致力於推進歐盟層次的研究與創新政策的制定和執行，如《歐洲科研人員憲章》和《招募科研人員行為準則》，這兩個文件規定了科研人員、雇主、資助方等方面的規章與義務。但歐盟層面統一的研究與創新政策仍相當缺乏，歐盟成員國在創新相關政策上的多樣性與不協調給歐洲研究區的建設帶來很多障礙。歐盟一定會在開放式協調機制的模式下致力於進一步推動歐盟成員國研究與創新政策的協調，並推動與歐洲研究區發展相關的泛歐層面政策的制定。如「歐洲研究機構退休儲蓄工具」（RESAVER）實際就是一項旨在推動研究人員跨國流動的泛歐養老金政策。歐盟今後還會在更多領域致力於歐盟統一政策的制定和執行，要在政策制定前廣泛徵求各方意見，通過歐盟決策諮詢機構中各成員國代表瞭解各成員國的意見，在參考各方意見的基礎上形成的政策首先要求接受歐盟資助的成員國或研究機構接受歐盟制定的政策和標準，再將這些政策和標準逐漸發展成歐盟統一的政策。如繼續推動歐盟統一專利制度的正式建立，推進歐盟各國統一的文憑認可標準，推進具有泛歐利益的研究基礎設施的共建和共享政策的制定，推進研究數據和研究著作的開放獲取制度。

3. 進一步完善監督機制

歐盟目前建立的歐洲研究區監督機制正在發揮重要功效，尤其是將歐洲研究區相關監督納入歐洲學期之後，對成員國的監管更加有效。但目前的監管主要對象是成員國，且主要內容限於成員國國民經濟改革方案中有無實現歐洲研究區需要在國家層面採取的相關改革措施，對於改革方案的執行效果及關於歐洲研究區建設相關政策的制定和執行情況等沒有監管措施。對於成員國內的利益相關者也沒有有效的監管措施。因此，今後歐盟還要致力於適時擴大歐洲研究區監督機制的監管範圍。目前的評價體系也有需要改進的地方，尚未形成完善、系統的指標評價體系，應當經過向專家和歐洲研究區各相關主體廣泛地徵

詢意見和建議後進一步改進評價指標體系。

4. 繼續開發和利用各項治理工具

歐盟今後一定會努力用好現有的歐洲研究區治理工具，將治理工具的效用發揮到最大。如為利益相關者平臺發展新成員，充分利用現有歐洲研究區各主體的交流平臺，推廣好的經驗，通過各種項目平臺加強成員國及研究機構間的合作，擴大 EURAXESS 在成員國和國際上的影響，推動研究人員的跨國流動。隨著歐洲研究區的推進，歐盟會根據需要繼續開發新的治理工具或在原有的工具基礎上增添新的內容，突破歐洲研究區發展面臨的瓶頸。

（二）成員國層面進一步加強歐洲研究區建設

成員國是將歐洲研究區建設引入國家層面的執行者，總體來說，歐洲研究區對各成員國的影響力在逐漸增強。但由於成員國對歐洲研究區認可度差異及創新能力差異的存在，各成員國對研發和創新的資金投入、對聯合研究項目的參與程度、成員國的政策側重及成員國內研究機構對歐洲研究區政策的執行效果也必然存在較大差異，因此歐洲研究區的建設進度在不同成員國有很大差異。歐洲研究區建設進度在兩類國家比較慢，一類是成員國對歐洲研究區的認可度和支持度不高；另一類屬於成員國的創新能力不強，與其他國家的發展差距大，使得無法展開有效合作。未來歐洲研究區建設的重點主要是成員國層面的建設。

1. 加大對歐洲研究區建設的支持力度

成員國層面的改革是實現歐洲研究區的關鍵，如果成員國對歐洲研究區的發展理念不支持和認可，歐洲研究區必定無法實現。歐盟成員國中有些成員國對歐洲研究區的政策支持度還不高，有一些國家對歐洲研究區心存顧慮，怕會削弱自己國家的創新系統。實際上，歐洲研究區不僅不會削弱國家創新系統，反而會增強國家創新系統的能力，歐洲研究區使各國創新系統彼此協作、聯繫更緊密，更具開放性。歐洲研究區從長遠看，肯定是有益於所有成員國的，但是有些成員國並不一定能獲得短期利益，也就是需要在一定時期的「奉獻」。隨著歐洲研究區優越性的逐漸體現，總體來說，歐盟成員國對歐洲研究區的支持度在增強。2014 年，歐洲研究區的相關改革已經體現在 19 個國家的改革方案中，比 2013 年增加了 8 個。2014 年，成員國對提交給歐洲學期的報告已經採納了共同的報告結構，將繼續執行歐洲研究區優先發展行動。2015 年，制定了歐洲研究區的發展路線圖，將其作為成員國執行歐洲研究區的改革指導。一些成員國已經開始制定國家的歐洲研究區路線圖以加快實施歐洲研究區的相關方案，致力於將歐洲建成具有全球競爭力和吸引力的區域。隨著歐洲研究區

優越性的顯現，成員國肯定會增強對歐洲研究區的參與和支持。

2. 積極參與研究與創新的跨國合作

成員國加強研究與創新領域的合作能夠實現創新的規模效益，可以形成優勢互補，彌補本國在某項研究資源或研究能力上的不足，能夠完成靠一己之力無法實現的目標，更有效地利用創新資源。隨著歐洲研究區建設的進一步推進，歐盟成員國之間應該更積極地參與合作，加大對跨國項目的資助力度，並通過各種論壇組織加強與其他成員國之間的交流，吸取好的發展經驗，還應從政策制定上進一步為跨國合作掃清障礙，例如採取一致的資金資助政策和項目評估政策，為科研和創新採取的跨國共同行動提供便利。

3. 大力發展靈活的專業化戰略

在成員國及地區層面開展靈活的專業化創新戰略是歐洲研究區保持競爭性與合作性平衡的前提條件。尤其是對於創新能力落後的國家來說，如保加利亞、拉脫維亞等，這些國家在前面所分析的各個歐洲研究區優先發展領域的表現基本都處於歐盟平均值以下，本身經濟發展水準也比較落後，研發資金的投入、研究人力資源的存量和吸引力都比較差。提高創新能力是有效縮小經濟發展差距的最佳途徑，這些經濟發展較落後的國家只有準確把握自身創新優勢，在靈活專業化發展戰略的基礎上建立起國家創新系統、增加創新投入力度、提高創新能力，才能盡快實現趕超，才能有效參與歐盟成員國之間的研究與創新合作。

成員國地區應該建立必要的管理架構，探索出有利於實現創新的體制改革模式，為科研和創新提供更多的資源。歐盟其他成員國也應該根據各自的發展基礎和特點制定靈活的專業化戰略，避免重複建設，實現優勢互補。隨著歐洲研究區影響的增大和政策引導作用的加強，成員國對歐洲研究區建設的參與度也越來越高，在歐洲研究區政策指導下制定和調整本國政策，在靈活專業化發展戰略的基礎上加強合作，借助歐洲研究區提高本國創新系統的創新能力。

(三) 利益相關組織進一步積極參與歐洲研究區建設

與研究相關的利益相關組織實際就是對研究與創新進行資助和服務或具體從事研究和創新工作的各類組織，未來歐洲研究區的發展主要依賴於利益相關機構聯合創新能力的提高及合作機制的完善。這些組織的行為效果直接決定了歐洲研究區的建設進度，他們是具體執行歐洲研究區發展方案和政策的主體，其對歐洲研究區的支持度及執行度決定了歐洲研究區建設的具體進度。據2014年《歐洲研究區發展報告》顯示，積極參與歐洲研究區建設的研究機構的科研人員的人均出版物和專利申請數更多，創造了更多的知識。在國家間進

行流動的研究者的研究影響力比不參與流動的研究者要高20%。因此，利益相關組織應該進一步積極參與歐洲研究區建設，在歐洲研究區的不斷完善中抓住自身的發展機會。

1. 進行制度改革

利益相關組織應該更積極地參與歐盟和成員國層面關於建設歐洲研究區的行動計劃的制定和執行，根據歐洲研究區建設要求完成相應的機構改革。遵守《歐洲科研人員憲章》和《招募科研人員行為準則》，遵守「研究人力資源戰略」的指導，遵守「創新型博士培養準則」，在組織中普遍實行公開、透明、以能力為標準的公開招聘制度，在機構中推行性別平等準則，打破研究人員流動的制度障礙，改善研究工作條件，加大對研究人員流動的資助，提高研究職業生涯的吸引力，注重對年輕科研人員的培養，提供能開放獲取的研究數據和出版物。

2. 加強與其他創新主體的合作

歐洲研究區的實現取決於區內各主體的創新合作機制的實施效果。企業、高等院校、科研機構和創新服務機構等所有歐洲研究區利益相關者之間應該加強聯繫與合作，使知識在創新鏈條的各環節能夠自由流通，使創新資源得到有效的配置，進一步增強合作研發的能力及成果轉化能力，通過有效的合作機制進一步提升各機構的創新能力。

3. 加強研究性聯盟組織的作用

在歐洲，有很多頗具影響力的研究聯盟組織，其成員組織眾多。目前，歐盟的六大研究聯盟組織已經與歐盟簽署聯合聲明備忘錄，共同推進歐洲研究區建設，並通過利益相關者論壇加強交流與合作。這六大聯盟組織是各類研究機構或研究性大學的代表，近年來一直致力於在他們的成員組織中積極推廣歐洲研究區並加強對歐洲研究區治理機制的研究，向歐盟及成員國政府提供諮詢建議，對推動歐洲研究區建設起到了重要作用。如「科學歐洲」專門成立了「研究基礎設施工作組」，推動研究基礎設施的選擇及建設。NrodForsk確認了其優先建設的研究基礎設施，推進其成員組織間研究基礎設施的共享。今後，這些利益相關者聯盟組織必將在歐洲研究區建設中進一步發揮積極作用。

歐盟提出2019年建成歐洲研究區，但現在看來歐洲研究區建設還面臨著很多困難，歐盟統一的研究與創新政策尚未實現，歐洲研究區內各創新相關主體的聯繫有待進一步加強，知識和研究者的自由流動需要得到進一步的推動。最新的《歐洲研究區發展報告2016》認為歐洲研究區建設已經取得了很大進展，歐盟、成員國及研究相關的利益機構之間建立的夥伴關係在其中起了很大

的推動作用，歐洲研究區在歐盟層面上已經具備了完成的條件，想要歐洲研究區完全實現，需要成員國層面和相關利益機構繼續進行與歐洲研究區相關的改革工作，成員國的改革是關鍵。

從目前情況看，歐洲研究區的建設尚未滿足 2000 年年初提出時候的目標設想。由於歐洲研究區建設情況在成員國間有很大的差異，成員國對歐洲研究區的建設完成時間和效果很難預測，就像當初歐洲統一市場的推進一樣，要想在所有成員國全面實現歐洲研究區所預想的目標應該還有很長一段路要走。不過歐盟發布的報告顯示，歐洲研究區相關發展措施已經對積極參與的成員國和相關機構產生了益處，隨著歐洲研究區優越性的進一步顯現，歐洲研究區的建設會得到更廣泛的支持，隨著各主體建設積極性的增強，歐洲研究區的建設一定會進一步得到全面推進。

二、歐洲研究區有待開展進一步研究的內容

通過前文對歐洲研究區目標的全面解析，對歐洲研究區建設方式、治理模式、建設工具的分析和歸納以及對歐洲研究區建設的全面評價可以得出結論。歐洲研究區對於歐盟泛區域創新系統的構建已經取得了初步成效，跨國協調與合作正在進一步加強，創新系統中各創新相關主體之間的聯繫機制正在進一步完善，創新系統的監督機制也在逐步改進。歐洲研究區的發展對於泛區域創新系統理論的推進有重要意義。歐洲研究區建設目前仍在繼續開展，歐洲研究區的建設仍存在一些障礙需要克服，未來各主體如何採取有效的改革措施、共同清除歐洲研究區實現的各種阻礙，有待進一步探索。隨著歐洲研究區建設的推進，其採用何種治理機制，歐洲研究區內部的治理結構如何都有待未來隨著歐洲研究區建設的推進進一步展開研究。

參考文獻

[1] 約瑟夫·熊彼特. 經濟發展理論 [M]. 郭武軍, 呂陽, 譯. 北京: 商務印書館, 1991.

[2] G·多西. 技術進步與經濟理論 [M]. 鐘學義, 等, 譯. 北京: 經濟科學出版社, 1992.

[3] 馮之俊. 國家創新系統的理論與政策 [M]. 北京: 經濟科學出版社, 1999.

[4] 石定寰. 國家創新系統: 現狀與未來 [M]. 北京: 經濟管理出版社, 1999.

[5] 張鳳, 何傳啟. 國家創新系統——第二次現代化的發功機 [M]. 北京: 高等教育出版, 1999.

[6] 胡志堅. 國家創新系統: 理論分析與國際比較 [M]. 北京: 社會科學文獻出版社, 2000.

[7] 李正風, 曾國屏. 走向跨國創新系統 [M]. 濟南: 山東教育出版社, 2001.

[8] 王緝慈. 創新的空間: 企業集群與區域發展 [M]. 北京: 北京大學出版社, 2001.

[9] 約翰·N·德勒巴克, 約翰·V·C·奈. 新制度經濟學前沿 [M]. 張宇燕, 等, 譯. 北京: 經濟科學出版社, 2003.

[10] 王春法. 主要發達國家國家創新體系的歷史演變與發展趨勢 [M]. 北京: 經濟科學出版, 2003.

[11] 陳勁, 王飛絨. 創新政策: 多國比較和發展框架 [M]. 杭州: 浙江大學出版社, 2005.

[12] 霍剛·吉吉斯. 變化中的北歐國家創新體系 [M]. 北京: 知識產權出版社, 2006.

[13] 中國創新報告課題組. 國家整體創新系統問題研究 [M]. 北京: 黨

建讀物出版社, 2006.

[14] 鄭剛. 全面協同創新——邁向創新型企業之路 [M] 北京: 科學出版社, 2006.

[15] 胡明銘. 區域創新系統: 評價發展模式與政策 [M]. 長沙: 湖南大學出版社, 2008.

[16] 吳慈生, 張本照. 區域創新系統的激發演化機理 [M]. 北京: 經濟科學出版社, 2008.

[17] 陳潔. 國家創新體系架構與運行機制研究: 芬蘭的啟示與借鑑 [M]. 上海: 上海交通大學出版社, 2010.

[18] 拉杰什·納如拉. 全球化與技術: 相互依賴、創新系統與產業政策 [M]. 冷明, 何希志, 譯. 北京: 知識產權出版社, 2010.

[19] 許慶瑞. 研究、發展與技術創新管理 [M]. 北京: 高等教育出版社, 2010.

[20] 施莫河, 拉默, 雷格勒爾. 國家創新體系比較: 德國國家創新體系的結構與績效 [M]. 王海燕, 譯. 北京: 知識產權出版社, 2011.

[21] 趙中建. 歐洲國家創新政策熱點問題研究 [M]. 上海: 華東師範大學出版社, 2013.

[22] 柳卸林. 國家創新體系的引入及其對中國的意義 [J]. 中國科技論壇, 1998 (2): 26-28.

[23] 劉輝. 歐盟醞釀建立歐洲研究區 [J]. 全球科技經濟瞭望, 2000 (5): 22-23.

[24] 張天明. 對歐盟科技創新政策的分析和評價 [J]. 全球科技經濟瞭望, 2001 (7): 7-9.

[25] 金啟明. 歐盟創建歐洲研究區戰略 [J]. 全球科技經濟瞭望, 2002 (8): 10-12.

[26] 李正風, 朱付元, 曾國屏. 歐盟創新系統的特徵及其問題 [J]. 科學學研究, 2002, 20 (2): 214-217.

[27] 魏江. 創新系統演進和集群創新系統構建 [J]. 自然辯證法通訊, 2004 (1): 48-54.

[28] 馮興石. 歐盟的研發政策研究及啟示 [J]. 中國科技論壇, 2007 (12): 131-134.

[29] 關健, 劉立. 歐盟科技計劃的優先研究領域及其演變初探 [J]. 中國科技論壇, 2008 (1): 136-140.

[30] 邵雲飛, 王佶鵬. 歐洲區域創新系統的主要特徵及其啟示 [J]. 電子科技大學學報 (社科版), 2008, 10 (1): 36-41.

[31] 薛彥平. 歐盟創新模式的同一性與多樣性 [J]. 國外社會科學, 2008, (2): 75-82.

[32] 安建基. 簡析歐盟推動科技創新及促進地區發展的政策 [J]. 全球科技經濟瞭望, 2009 (7): 55.

[33] 史世偉. 從國家創新系統角度看集群的創新作用——以德國為例 [J]. 歐洲研究, 2011 (6): 58-76.

[34] 張濤. 歐盟創新危機下的「旗艦計劃」[J]. 科技潮, 2011 (11): 38-40.

[35] 張迎紅. 淺析歐盟創新政策的模式演變及未來發展趨勢 [J]. 國際展望, 2012, (6): 121-146.

[36] 陳娟, 羅小安, 樊瀟瀟, 等. 歐洲研究基礎設施路線圖的制定及啟示 [J]. 中國科學院院刊, 2013, 28 (3): 386-393.

[37] 劉華. 歐盟科技政策對協同創新的啟示 [J]. 科學技術哲學研究, 2013, 30 (4): 104-108.

[38] 段小華, 劉峰. 歐洲科研基礎設施的開放共享: 背景、模式及其啟示 [J]. 全球科技經濟瞭望, 2014 (1): 68.

[39] 史世偉. 從德國集群政策看政府如何糾正創新合作中的市場失靈 [J] 浙江工商大學學報, 2014 (5): 73-75.

[40] 薛彥平. 挪威提升國家創新能力的重要經驗 [J]. 國家治理, 2014 (10): 3-8.

[41] 熊小剛.「中三角」跨區域創新系統的協同發展研究 [J]. 中國科技論壇, 2014 (4): 39-44.

[42] 李國平. 京津冀地區科技創新一體化發展政策研究 [J]. 經濟與管理, 2014 (11): 13-18.

[43] 張敏. 歐盟國家科技創新能力研究 [J]. 全球科技經濟瞭望, 2013, 28 (3): 38-44.

[44] 趙江敏, 劉海嬌. 京津冀一體化區域創新系統的構建研究 [J]. 經營管理者, 2015 (1): 192-193.

[45] 張兵. 京津冀協同發展與國家空間治理的戰略性思考 [J]. 城市規劃學刊, 2016 (4): 15-21.

[46] 顧廷標. 基於中觀視角的京津冀協同創新模式研究 [J]. 河北學刊,

2016（3）：149-154.

［47］王秀玲，王亞苗.加快京津冀協同創新共同體建設［J］.經濟與管理，2017（3）：14-16.

［48］陳丹宇.長三角區域創新系統中的協同效應研究［D］.杭州：浙江大學，2010.

［49］Bengt-Ake Lundvall. Innovation, growth, and social cohesion［M］. London：Edward Elgar PUB, 2004.

［50］Bent-Ake Lundvall. National system of innovation：towards a theory of innovation and interactive learning［M］. London：Pinter Pub Ltd. 1992.

［51］Freeman C. Technology and economic performance：lessons from Japan［M］. London：Printer Publishers, 1987.

［52］Robert D, Atkinson, Stephen J. Innovation economics——the race for global advantage［M］. London：Yale University Press, 2012.

［53］Schmookler J. Invention and economic growth［M］. Cambridge MA：Harvard University Press, 1966.

［54］Philip Cooke, Martin Heidenreich, Hans Joachim Braczyk. Regional innovation systems：the role of governance in a globalized world［M］. London：UCL Press, 1998.

［55］Philip Cooke. Regional innovation systems：the role of governance in a globalized world［M］. London：UCL Press, 1996.

［56］Yveline Lecler, Tetsuo Yoshimoto, Takahiro Fujimoto. The dynamics of regional innovation—policy challenges in Europe and Japan［M］. Singapore：World Scientific, 2012.

［57］Asheim B, Isaksen A. Localization , agglomeration and innovation：towards regional innovation systems in norway［J］. European Planning Studies, 1997, 5（3）：299-330.

［58］Birgitte Gregersen, Björn Johnson. Learning economies, innovation systems and european integration［J］. Regional Studies, 1997, 31（5）：479-490.

［59］Branislav Hadzima, Stefan Sedivy, Lubomir Pepucha, et al. Sustainability factors of science parks and research centers in relation to reducing imbalance in european research area［J］. European Scientific Journal, 2015, 11（1）：237-247.

［60］Doloreux D. What we should know about regional systems of innovation［J］. Technology in Society, 2002, 24（3）：243-263.

[61] Autio E. Evaluation of RTD in regional systems of innovation [J]. European Planning Studies, 1998, 6 (2): 131-140.

[62] Lance Davis, Douglass North. Institutional change and American economic growth: a first step towards a theory of institutional innovation [J]. The Journal of Economic History, 1970, 30 (1): 131-149.

[63] Louise Ackers. Promoting scientific mobility and balanced growth in the european research area [J]. The European Journal of Social Science Research, 2005, 18 (3): 301-317.

[64] Trippl M. Developing cross-border regional innovation systems: key factors and challenges [J]. Tijdschrift Voor Economische en Sociale Geografie, 2010, 101 (2): 150-160.

[65] Caracostas P, Soete L. The building of cross-border institutions in europe: towards a european system of innovation. [J]. Edquist, 1997: 395-419.

[66] Philip Cooke. Regional innovation systems: competitive regulation in the new europe [J]. Geoforum, 1992, (23): 365-382.

[67] Remi Barre, Luisa Henriques, Dimitrios Pontikakis, et al. Measuring the integration and coordination dynamics of the European Research Area [J]. Science and Public Policy, 2013.

[68] Stephanie Daimer, Jakob Edler, Jeremy Howells. Germany and the European research area [J]. Studien Zum deutschen Innovations system, 2011, 13.

[67] Council of the European Union. Conclusions on Progress in the European Research Area [R]. Brussels: Competitiveness Council Meeting, 2014.

[68] Council of the European Union. European research area progress report 2014 [R]. Brussels: Competitiveness Council meeting, 2014.

[69] Council of the European Union. Resolution on the developments in the governance of the European Research Area [R]. Brussels: 3016th competitiveness Council meeting, 2010.

[70] Council of the European Union. Resolution on the Enhanced Governance of the European Research Area (ERA) [R]. Brussels: 2982nd COMPETITIVENESS (Internal market, Industry and Research) Council meeting, 2009.

[71] Council of the European Union. Conclusions on a reinforced european research area partnership for excellence and growth [R]. Brussels: 3208 Competitiveness (Internal Market, Industry, Research and Space) Council Meeting, 2012.

[72] Directorate-general for Research and Innovation. Recommendations on the implementation of the ERA communication: report of the expert group 2013 [R]. Luxembourg: Publications Office of the European Union, 2013.

[73] European Commission. Horizon 2020 in Brief: The EU framework programme for research & innovation [R]. Luxembourg: Publications Office of the European Union, 2014.

[74] Wiig H, Wood M. What comprises a regional innovation system? An empirical study [R]. Sweden: Regional Association Conference, 1995.

[75] Jos Van Den Broek, Huub Smulders. The evolution of a cross-border regional innovation system: an institutional perspective [R]. Tampere: Regional Studies Association European Conference, 2013.

[76] Kjetil Rommetveit, Roger Strand, Ragnar Fjelland, et al. What can history teach us about the prospects of a European research area? [R]. Joint Research Centre: Institute for the Protection and Security of the Citizen, 2013.

[76] Stefano Breschi, Lucia Cusmano. Unveiling the texture of a European research area: emergence of oligarchic networks under eu framework programmes [C]. Vienna: Evaluation of Government Funded R&D Activities, 2003.

國家圖書館出版品預行編目（CIP）資料

歐洲研究區建設研究 / 劉慧 著. -- 第一版.
-- 臺北市：崧博出版：財經錢線文化出版, 2019.05
　　面；　公分
POD版

ISBN 978-957-735-859-2(平裝)

1.歐洲聯盟 2.歐洲統合 3.經濟建設

578.1642　　　　　　　　　　　　108006583

書　　　名：歐洲研究區建設研究

作　　　者：劉慧 著

發 行 人：黃振庭

出 版 者：崧博出版事業有限公司

發 行 者：財經錢線文化事業有限公司

E - m a i l：sonbookservice@gmail.com

粉 絲 頁：　　　　　網 址：

地　　　址：台北市中正區重慶南路一段六十一號八樓 815 室
8F.-815, No.61, Sec. 1, Chongqing S. Rd., Zhongzheng
Dist., Taipei City 100, Taiwan (R.O.C.)

電　　　話：(02)2370-3310 傳　真：(02) 2370-3210

總 經 銷：紅螞蟻圖書有限公司

地　　　址: 台北市內湖區舊宗路二段 121 巷 19 號

電　　　話:02-2795-3656 傳真:02-2795-4100　網 址：

印　　　刷：京峯彩色印刷有限公司（京峰數位）

　　本書版權為西南財經大學出版社所有授權崧博出版事業股份有限公司獨家發行電子書及繁體書繁體字版。若有其他相關權利及授權需求請與本公司聯繫。

定　　　價：320元

發行日期：2019 年 05 月第一版

◎ 本書以 POD 印製發行